JN113553

99엔은
일본의 양심가치!
일제 전범기업
한국시장 진출 철퇴!
할머니와 함께하는 시민모임

目標をはるかに超え、人の背まで積まれた13万5千人余りの署名。光州三菱自動車展示場前で（2010年6月17日）

「私たちは連帯ではなくもう同志です」。三菱重工株主総会会場前で株主に宣伝活動を展開（2010年6月24日）

東南海地震で亡くなった同僚たちを追悼する梁錦徳さん（2012年11月4日）

「今日は私が先生だよ」女子高に招待された梁さんが証言し、廊下にまで熱気が続く（2013年9月4日）

光州地方法院で三菱重工を相手に1審勝訴判決。「勝訴判決」の垂れ幕を掲げ、歓呼している（2013年11月1日）

「勝った！」李金珠会長の手を握り、感激に踊り喜ぶ原告たち（2013年11月1日）

「原告を笑顔に」光州地方法院での勝訴後、名古屋でも支援会主催の集会が持たれた。支援者からバラの花を受け取り、あいさつする原告たち（2015年10月10日）

梁錦徳さんと「市民の会」の会員たちが来日し、「支援する会」と三菱重工前で判決の早期履行を訴える（2020年1月17日）

不二越東京本社前での抗議集会。神奈川シティユニオンの外国人労働者たちが駆け付けた。前列左から崔姫順、金正珠、金啓順さん（2012年6月8日）

雨の中、不二越正門前での抗議集会。晴れ間に虹がかかった
（2013年１１月２６日）

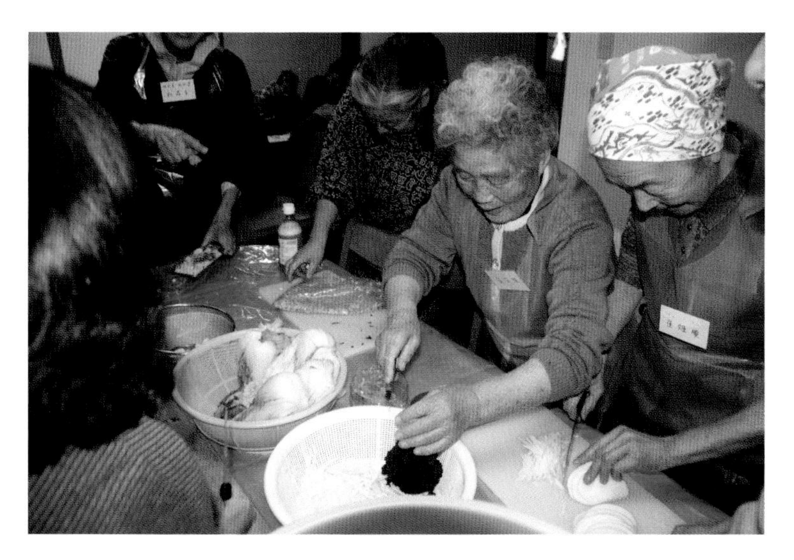

「これが本物の韓国キムチだよ」ハルモニたちから本場のキムチを習おうと会員たちが駆け付けた（2013年11月28日、富山市）

ソウル日本大使館前で、不二越株主総会での民族差別発言に抗議（2014年3月25日）

ソウルでの国際平和行進。演壇で発言する梁錦徳さん（2019 年８月15日）

文在寅大統領主催の2020年新年祝賀会式（1月2日）に招待された金さん姉妹。中央が文大統領、その左に金正珠さん、右から2番目に金性珠さん

奪われた青春　奪われた人生

朝鮮女子勤労挺身隊ハルモニの自叙伝

発刊にあたって

韓日で共に手を取り合った人権闘争の記録

よく韓国と日本の関係を比喩的に「近くて遠い国」といいます。こういわれるのは、その歴史的な背景があるからです。

アジア太平洋戦争の時期、韓国人は日本帝国主義の侵略と植民地支配により、全てのものを奪われました。罪のない数多くの若者たちが遥か遠くの見知らぬ異郷に連行され、日本が起こした侵略戦争の消耗品にされました。単に男性だけでありません。10代の少女だった、この本の主人公たちもまた同じことでした。

被害者たちは「日本に行けば上級学校に行ける」という日本人教師や日本人校長の話を信じたために、10代の幼い齢で日本に強制動員されました。最も学習を希望する年齢期にあった子どもたちの純真な童心を、戦争遂行のために利用したのです。容認し難い重大な犯罪行為です。

受難は日本での強制労働だけではありませんでした。光復後（戦後）、故郷に帰ってからは、また異なる試練を体験させられました。「日本に行って来た」という理由で日本軍「慰安婦」と誤解され、家庭の破壊を招くなど、長期にわたり心の傷を深く負いました。「一生表通りを歩けずに裏道だけ探し歩いた」という言葉の中に、過ぎし日にハルモニ（おばあさんの意）たちが体験させられた、苦痛の歳月がうかがい知れます。

ある人は、それは韓国で起きた他人事でないかと言うかも知れません。でも絶対にそうではありません。戦時日本軍「性奴隷」などというおぞましい反人倫犯罪さえなかったなら、初めからそんな誤解は成立しなかったでしょう。日本国と加害企業が誠実な態度で真相を明らかにし、被害回復のために努力したならば、被害者が顔を隠して生きなければならない理由もなかったのであり、それによるまた新たな誤解が増幅される理由もなかったはずです。

生存者がもう何人も残っていない中、この自叙伝は、勤労挺身隊の被害者であるハルモニたちが歩いてきた大変な生涯の歴史です。あわせてこの自叙伝は、日帝強制動員問題が博物館の片隅に置かれた「過去」の出来事と考える人たちに、この問題は過ぎ去った「過去」ではなく、私たちが真正面から向き合うべき「現在」の問題であると考え直させるでしょう。

この自叙伝の主人公の人生は、それ自体で屈折した韓国の近現代史です。10代の幼い齢での強制動員、解放後の日本軍「慰安婦」という誤解、家庭不和と経済的な窮乏、日本での訴訟と相次ぐ敗訴判決、厚生年金脱退手当金「99円事件」、80歳を越す老駆を引きずりながらも、ついに勝ち取った韓国訴訟での勝利まで…。日帝に奪われた歳月を取り戻すため、日本に続き韓国の法廷まで闘ってきた被害者の苦難の経歴は、それ自体が日本帝国主義の犯罪を告発してきた人権闘争の歴史であり、人類の良心を問う闘いでした。

この過程に至るまでの多くを、日本の心ある市民に頼ってきました。何よりも日本軍「慰安婦」問題で隠され、その存在すらよく知られていなかった「女子勤労挺身隊」問題が韓国社会にそれなりに認められることになったのは、日本の市民の努力が絶対的な位置を占めます。

「名古屋三菱・朝鮮女子勤労挺身隊訴訟を支援する会」と「不二越強制連行・強制労働訴訟を支援する北陸連絡会」は、頼る人もなく困難な境遇の被害者たちの手を固く握ってきました。日本での訴訟を無料で弁論し続けるのはもちろん、裁判が進められる間のあらゆる問題を引き受けてきました。のみならず、日本での訴訟に負けてもう終結したにもかかわらず、今も険しい道を自ら耐え忍んでいます。そして、人間の尊厳を取り戻すための崇高な闘いは、ついに韓国法院（裁判所）での相次ぐ勝訴として少しずつ実を結んでいます。

この自叙伝は2021年1月韓国で先に出版され、日本の市民団体の方々の色々な努力のおかげで、今回日本語版の出版もできます。当然の話ですが、この自叙伝の出版もまた、日本と韓国で展開してきた一連の市民運動の努力と成果によって始まりました。過去には、周りの人の視線が怖くて話さえまともにできなかったハルモニたちが、今はこの闘いの主体として堂々と立っていること自体、大きな変化です。

私たちがこの本に格別な意味を付与するのは、被害者に対する単純な同情のためではありません。被害者の人権回復はもちろんですが、再び過去のようなことが地球上でくり返されないことも、また私たち人類が追求すべき永遠の使命だからです。そうした点から、韓日の市民が共に手を携えて運動してきたことの成果であり、梁錦徳（ヤンクムドク）・金性珠（キムソンジュ）・金正珠（キムチョンジュ）さんの日本語版自叙伝発刊の持つ意味は一層格別です。

例え国籍は違っていても、私たちが目指している道は違いません。人間の尊厳と平和のために、今日も苦労の多い尊い友人たちに、いま一度頭を垂れて感謝申し上げます。

2021年12月

「勤労挺身隊ハルモニと共にする市民の会」

李國彦（イクゴン）常任代表

目　次

第１章　朝鮮女子勤労挺身隊とは

日帝強制動員の背景

「強制動員」は、日帝が自らの戦争に必要な資源と人材を率先して動員したことを称する。日本は、世界的な経済恐慌で自らの経済が難しくなると、これを克服するために戦争を引き起こした。1931 年には満州を占領し、1937 年には日中戦争を本格化した。そして 1941 年にはアメリカ・イギリスなどに宣戦布告し、東南アジアを侵略してアジア・太平洋戦争を行った。

戦争の規模がだんだん大きくなると、戦争に必要な物資や人材を賄えなくなり、日帝は「国家総動員法」(1938)、「国民徴用令」(1939)、「朝鮮徴兵令」(1943)、「女子挺身勤労令」(1944)等、いろいろな法令を作って朝鮮で資源と人材を強制動員した。

日帝は数多くの朝鮮人を、軍人に、労働者に、あげくの果てには軍隊「慰安婦」にして自分たちの侵略戦争に動員したが、最も多く動員された人材は労働者だった。彼らは国内と日本、そして東南アジア、ロシア、サハリン等に送られて、鉱山、軍需工場、土建現場等の地でつらい労働をさせられた。初めは就職を口実に労働者を募集したが、後には多くの人たちを強制的に連行して働かせた。このように強制動員された人たちの規模は国内、国外動員を含め約 800 万人（重複動員含む)。そのうち、現地で死亡したり行方不明になった人は 30 万人余りいる。当時、朝鮮の人口が 2,700 万人程だったので、国民の 30%近くが強制動員されたことになる。

朝鮮からの女子勤労挺身隊の動員

強制動員された人のうち、「女子勤労挺身隊」という名で日本の軍需工場に連行された少女の数は、不二越鋼材工業、三菱重工業、東京麻糸紡績工場等、主に３つの企業に動員された数だけでも約 1,700 人になる。10 代前半の幼い少女たちを、日本人校長や担任の教師、または村長等が騙して「志願」するように強要した。

金性珠さんや梁錦徳さんが動員された三菱重工業名古屋航空機製作所は、飛行機を作る軍需工場だった。

1944 年５月、忠清南道（チュンチョンナムド）と全羅南道（チョルラナムド）地域からそれぞれ 150 余人ずつ、約 300 人余りの女子勤労挺身隊が動員され、飛行機の部品や枠型の製造、ペンキ塗り作業等をした。1944 年 12 月７日発生の東南海地震で、光州（クァンジュ）・全南（チョンナム）地域から動員された女子勤労挺身隊隊員６人が死亡した。

金正珠さんが満 13 歳で強制動員された不二越鋼材工業富山工場は、機械部品を製作する軍需工場で、ここには 1944 年５〜７月と 1945 年２〜３月に、朝鮮半島各地から女子勤労挺身隊が動員された。金正珠さんの場合、1945 年２月頃動員された。

不二越の歴史を記録してある社史によると、1945年５月、従業員36,253人のうち 1,089 人が朝鮮女子勤労挺身隊員だった。齢幼い女子勤労挺身隊員たちはここで危険な作業に動員され、事故で負傷したり死亡した。

尊厳を取り戻すための長い闘い

三菱に動員された梁錦徳さんは、1992 年「太平洋戦争犠牲者光州遺族会」（会長 李金珠（イクムジュ））への加入を契機に、日本の法的責任を問うための本格的な闘いに参加した。光州遺族会李金珠会長と手を携え、1994 年日本軍「慰安婦」被害者３人、「女子勤労挺身隊」被害者７人等全員で 10 人を原告とした「関釜裁判」に参加した。しかし 2003 年、最高裁判所で敗訴した。三菱勤労挺身隊に動員された被害者たちは 1999 年３月１日、日本政府と三菱重工業を相手取り、名古屋地方裁判所に損害賠償請求訴訟を起した。1919 年の３・１運動の勇気に倣って闘っていこうという意から、提訴の日をあえて３月１日に決めた。原告は梁錦徳さんを含め全部で 8 人。金性珠さんは 1999 年 7 月に光州遺族会の李金珠会長に会った後、2000 年 12 月から訴訟に参加した。人間としての尊厳を取り戻すための、長い旅路の始まりだった。

しかし日本の裁判所は、「1965 年韓日協定ですべてのことは完全に終わった」とする日本政府の立場と何も違わなかった。2005 年 2 月 24 日の 名古屋地方裁判所に続き、2007 年 5 月 31 日名古屋高等裁判所で敗訴した後、2008 年 11 月 11 日最高裁判所も上告を棄却し、最終的に原告の敗訴が確定した。延々と 10 年にわたる闘いだった。

遠く険しい闘いを共にしたのは、他でもない日本の市民団体である「名古屋三菱・朝鮮女子勤労挺身隊訴訟を支援する会」の会員たちだった。会員たちは弁論の支援はもちろんのこと、被害者が日本を行き来するすべての航空便費用と滞在費を負担してきた。

日本での訴訟が終わった後は、光州の市民がバトンを引き継いだ。2009 年 3 月、光州に「勤労挺身隊ハルモニと共にする市民の会」が作られ、日本の市民団体と連帯して、共にこの闘いを始めた。

2012 年、新しい機会が与えられた。梁錦徳、金性珠、朴海玉（パクヘオク）、李東連（イドンリョン）、金中坤（キムチュンゴン）さんら 5 人の原告は、2012 年 10 月光州地方法院で三菱重工業を相手に、再び損害賠償請求訴訟を起した。2013 年 11 月光州地方法院で初めて勝訴した後、2015 年 6 月光州高等法院でも続けて勝訴した。そしてついに 2018 年 11 月 29 日、「女子勤労挺身隊」事件では初めて、韓国大法院の勝訴判決を勝ち取った。日本に強制的に連行されてから 74 年、日帝から国権を取り戻してからは 73 年ぶりに勝ち取った勝利であった。

しかし、日本政府は韓国大法院で日本企業に対する最終賠償判決が確定すると、これに対し強力に反発した。のみならず、三菱重工業など日本の被告企業に対して、「韓国の判決に絶対応じるな」と圧力をかけた。2019 年 7 月 1 日、韓国半導体産業の核心部品素材に対して、「輸出規制措置」という名目で事実上の経済報復措置をとることにより、韓日間に深刻な葛藤を引き起こした。

日本政府の圧力を受けた三菱重工業もまた、原告側が何回も対話を要請したが、くり返し黙殺してきた。三菱重工業が判決を履行しないでいる間に、大法院で勝訴した原告の金中坤さんが 2019 年 1 月、李東連さんが 2020 年 5 月に、残念ながら死亡してしまった。これに対し、原告側は債権を確保するため、2019　年 3 月三菱重工業が韓国内に所有している「商標権」2 件、「特許権」6 件に対して差押え措置を取ったことに続いて、現在（2021 年 12 月）売却手続きを進めている。

不二越の工場に動員された金正珠さんは、2000 年 7 月「太平洋戦争犠牲者光州遺族会」に加入した。李金珠会長を通じて、不二越訴訟を準備中の江原道（カンウォンド）春川（チュンチョン）の「太平洋戦争韓国人犠牲者遺族会」金景錫（キムギョンソク）会長を紹介され、春川などの被害者たちと共に 2003 年 4 月 1 日、不二越を相手に富山地方裁判所で損害賠償請求訴訟を起した。

しかし、訴訟は 2006 年 3 月富山地方裁判所で敗訴し、続く 2010 年 3 月 8 日名古屋高等裁判所金沢支部でもやはり敗訴した。最高裁判所に上告するも 2011 年 10 月 24 日に棄却され、最終的に敗訴した。

日本で不二越を相手にした訴訟もまた、日本の支援団体の役割が非常に大きかった。不二越との日本での訴訟は、2 次にわたり行われた。

1 次訴訟は　1992 年に提訴し、2000 年に和解して終った。金正珠さんは、1 次訴訟が終った後の 2003 年からの 2 次訴訟に参加した。

劣悪な境遇の中、日本の支援団体「不二越強制連行・強制労働訴訟を支援する北陸連絡会」は不二越に対して抗議行動を展開しながら、被害者のために物心両面から支援活動を広げてきた。

日本訴訟で敗訴し落胆していたが、韓国の裁判所で訴訟を起こせるという新しい道が開かれた。「太平洋戦争被害者補償推進協議会」（会長 李熙子）の支援を受け、金正珠さんはじめ日本での訴訟に参加した原告を中心に 2013 年 2 月 14 日、不二越を相手にソウル中央地方法院に提訴した。

そしてついに 2014 年 10 月 30 日、ソウル中央地方法院で原告勝訴した後、続いて 2019 年 1 月 18 日ソウル高等法院でも勝訴した。本件は現在、大法院の最終判断を待っている。

第2章　梁錦徳（ヤンクムドク）さんのお話

「死ぬ前に聞きたい一言」

はじめに

羅州（ナジュ）（韓国全羅南道）で生まれた私は勉強がよくできたので、学校へ通っている間、級長を欠かさず務めた。だが家の暮しが苦しくて、中学校進学は考えることもできなかった。国民学校（今の小学校）6 年に上ってしばらく経ったある日、日本人校長が憲兵[1]と一緒に教室の中へ入って来た。「中学校に進学させてあげる」という校長の話に騙された私は、結局日本へ行くことになった。

そして名古屋へ行くと、三菱重工業の飛行機工場で 17 ヶ月間、まともな食事すら与えられず、体に怪我してまで強制労働に苦しめられた。解放後 75 年間、私は絶えず真実を語り、先頭に立って闘ったが、まだ日本政府と三菱は聞こうする姿勢すら示さない。賠償どころか、「申し訳ない」という一言さえ聞いていない。

日本に行って苦労しただけでも悔しいのに、故郷に帰った後、周りの人たちと夫から受けた誤解のせいで味わった心の苦痛は、到底口では語りつくせない。それでも今まで全力を尽くして闘ってきたことで、私が日本軍「慰安婦」ではなく勤労挺身隊に連れて行かれ、強制労働をさせられてきたという事実を、私の周りと世の人々に知らせることができた。私たちが強いられた苦労をすべて口では説明できないが、周辺から変な眼で見られ、ひそひそ噂されるたびに、自分でもそれなりにつらくて寂しかった。同情などして欲しくなかった。「慰安婦」とさえ言われなければ、この世にそれ以上の望みはなかった。

私がこのように無我夢中になって闘ったので、世の中の人々が、私、梁錦徳のことを認めてくれたのだ。もし成り行き任せに途中で諦めてい

---

[1]**憲兵**　植民地下の朝鮮では憲兵警察制度が取られ、陸軍の憲兵が一般の警察をも兼ねていた。1919 年の 3・1 独立運動後に廃止されたが、その後も朝鮮では、泣く子どもに「憲兵が来るよ」と言って泣き止ませようとするほど、人々から恐れられていた。

たら、誰も私のことを知らなかっただろう。今でも機会さえあれば、日本でもどこでも走って行って、日本の過ちを告発したい気持ちでいっぱいだ。勤労挺身隊として日本に連行された人のほとんどは体が不自由で、みな療養病院の世話になっている。幸い私はまだ健康で、それなりに丈夫で、意のままに体を動かせるし、はっきりと声を出せることに感謝する。

しかし、齢をごまかすことはできない。腰も痛く、体調も良くなくて、以前のように長く話をするのはつらい。今年私は 92 歳になって、記憶力も以前のようではない。毎日が昨日とは違う。

食欲もだんだんなくなって、水一杯だけで済ませたり、豆乳で食事代りにする時もある。それでも、5 分の距離にある老人ホームで隣人たちと共にお昼の準備をして、食べることができるので幸いだ。このように病にかかり老いていくので、はたして私に良い日がくるのだろうか、という気がすることもある。

もう一度、日本政府と三菱重工業に言う。

「この 75 年間、謝罪の一言もない。あなたたちには、本当に良心というものがあるのですか？」

日本政府と三菱が一日も早く謝罪して、両国が仲良くなって幸せに暮らせることを願う。

息子１人、娘５人の末っ子に生まれる

私は 1929 年 12 月 30 日、全羅南道羅州市中央洞（チュンアンドン）で、6 人きょうだいの末っ子として生まれた。しかし戸籍では 1931 年生れとなっていて、実際より 2 年遅く記されている。当時、子どもは幼くて死ぬことが多く、戸籍を後日届けるのは普通のことだった。男 1 人、女 5 人の末っ子に生まれた私は、上に姉 2 人、その下に兄が 1 人、そしてもう 2 人姉がいた。

末っ子に生まれた私は、両親の寵愛をとても多く受けて育った。だからといって、好き勝手、乱暴にふるまったわけではない。それでも母からはもちろんのこと、父からも叱られることはなかった。

6 人きょうだいの末っ子なので、上の姉とは年齢差が相当大きい。すぐ上の姉とは 3 歳差で、その上の姉とは 8 歳差がある。

私と 8 歳違う 3 番目の姉は幼い頃、父について日本に行って、日本で韓国人と結婚した。だが解放（戦後）になると、韓国に帰ってきた。 3 番目の姉は 2018 年に 98 歳で亡くなった。3 番目の姉を最後に、兄弟のうちでこの世に残っているのは私だけだ。

父が 3 番目の姉を連れて日本へ行った時、勉強をさせるため兄も連れて行った。兄は日本人女性と出会って結婚した。日本人の妻と子どもがいる兄は、3 番目の姉とは違い、解放後も韓国に帰ってこなかった。兄は日本で軍隊に入隊したが、東京にいるという便りを最後に、連絡が途絶えてしまった。後で聞いた話では、乗馬が上手だった兄は騎馬隊にいて、落馬して亡くなったという。兄が日本に定着し韓国に戻らないので、父は「家を継ぐ男がいない」と、養子を受入れた。母の生家の町内に住む人で、優しく良い性格なのに家が貧しくて苦労していた。普段から、父が息子のように接していた人だった。父が亡くなった後、母が私の面倒を見るために家を出る時、家と田畑は全部この養子の兄に譲った。

家の暮しは決して豊かではなかった。母が作ってくれるおかずは、白菜や大根を漬けたキムチや水キムチだった。栄山浦（ヨンサンポ）[2]市場から買って来たイワシやアミの塩辛を入れて、浅漬けキムチを作ったりした。今でもよく食べるが、当時はサバやアジがとてもたくさん獲れていて、羅州市

---

[2]**栄山浦**（ヨンサンポ）　全羅南道羅州市にあった昔の港。栄山江（ヨンサンガン）に河口堤が建設されるまで船が出入りし、大きく繁盛した。

場で買って食べたりした。

町内には 11 世帯ほどが暮らしていたが、町の全般的な雰囲気はとても活気に溢れていた。日本から帰って来た後は、町内で親しく過ごした子とはもちろん、一緒に日本へ行った羅州大正国民学校（現在の羅州初等学校）6 年のクラスメイトにも会えていない。早く嫁に行って、他の町に引っ越してしまう場合が多かったからだ。

金の糸で結ばれた両親

両親はそれぞれ違う町で暮らしていて、出会った後に結婚した。その時代は、「男女が恋愛している」と噂が立つと大騒ぎになった。それで互いに顔を一度も見たことなしに、両家の親が決めた相手と結婚するのが当然だった。

父は元々済州島（チェジュド）が故郷で、15 歳で早くも父母を亡くし、弟を一人連れて本土に移り、寺で育ったという。

父は僧侶のもとで勉強をして、漢文を多く知っていた。また手先も器用だった。寺で生活したから、障子紙で花を作る方法や油菓[3]の作り方にも、とても詳しかった。花の色に合わせて紙を染め、花を挿すととても綺麗だった。また油菓は、日常的によく作った。そのため、婚礼の準備をしている家から、父に色々な紙飾りの花とおいしい油菓作りを頼まれることが多かった。私が思うに、父はこの仕事で生計を立てていたようだ。父は寺で育って農作業の経験がないので、直接野良仕事はせずに母の実家に任せて、収穫した内の一部を貰って生活した。農作業をしなかったので、他から見れば楽に暮せた方だ。母の実家は羅州市青洞（チョンドン）だが、おばあさんの村の知り合いが寺に行って父を見て、母と「結婚したら良

[3]**油菓**　小麦粉やもち粉をこねて形を作り、油で揚げた後、蜜や水飴を塗った韓国の伝統的な菓子

さそうだ」とおばあさんに話したという。話を聞いたおばあさんは直接、寺を訪ねて父を見て、人柄が気に入ったためか、母と結婚させた。ハンサムな父と美しい母は、一生仲が良かった。父の名は梁平彦（ヤンピョンオン）、母は金処礼（キムチョネ）である。

小学校６年、１年間級長を務める

11 歳(戸籍上の齢は 9 才)の時、今の羅州初等学校である羅州大正公立尋常小学校に入学した。二階建ての大きな学校の建物には、一学年に男子が 2 クラスと女子 1 クラスの計 3 クラスが学年ごとにあった。1 クラス当りの生徒数が 60 人もいたので、全校生徒数は 1,000 人を超えていた。校長や先生は全部日本人だったが、この年まではまだ朝鮮語を習うことができた。以降は朝鮮語が全く使えなくなり、すべての授業は日本語だけで行われた。その上、学校に通うには創氏改名[4]もしなければならなかった。ヤナガワ・カネコ(梁川金子)が、この時つけられた私の日本式の名前だ。そして毎日、朝礼の時間には全校生が集まって、目に見えるはずもない天皇が暮らしているという東の方角を眺め、最敬礼をしなければならなかった。また教室では、天皇の写真と日の丸の前で「皇国臣民の誓詞」[5]を諳んじることを強要された。そうしなければ学校に通えなかった。私が生まれた後、学校に通った時期は日本帝国主義による強制占領期だったので、こうした事態が起こったのだ。遠足は年に 2 回、春と秋に行ったが、遠足でさせられたことといえば、冬に学校の暖炉に

---

[4]**創氏改名**　日帝強制占領末期の 1940 年に韓国の人の名前を日本式に強制的に改名させたこと

[5]**皇国臣民の誓詞**　1937 年、民族抹殺政策の一つとして、朝鮮と日本は一つ(内鮮一体)と、日本の天皇に忠誠を尽す内容の誓いを強要した。(下は「児童用」)

1、私共は、大日本帝国の臣民であります。
2、私共は、心を合わせて天皇陛下に忠義を尽します。
3、私共は、忍苦鍛錬して立派な強い国民となります。

使うため、山の中でまる一日松ぼっくりを拾ってきたのが全てだった。

私は成績が良くて、学校で習ったことは翌日になってもひとつも忘れなかった。国語や算数のような科目はもちろんのこと、運動も得意で、運動会の徒競争では常に私が1等だった。それで月謝の 25 銭を除いては、鉛筆やノートなど学用品は、学校に通う間ほとんど無料で貰って使った。1年から6年まで級長をいつも任された。勉強もできて運動もできたので、クラスの子たちは皆私に良くなついた。同じ学校に通う日本人の6年生の生徒とは建物は別だったが、試験や運動会の時はいつも競争した。勉強だけでなく、美術や習字大会でも私は常に日本人生徒を抜いて賞を貰った。日本人校長は、なぜか「梁」の姓を持つ生徒を好んだ。金、朴、李のように多い姓氏ではないのに、1クラスに1人位いた「梁」の姓を持つ生徒が皆、級長を受け持ったからだ。

私が小学校3年生のときだった。その日は日本の祝日だったようだ。日本人校長と先生の引率の下、全校生が校舎から出て、垣根が張られた広場のような所に集められ、万歳を叫んだ。まだ3年生だった私は、5、6 年生の先輩より体が小さかったが、前に出て日章旗を振り、万歳を叫んだ。ちょうど近くを通り過ぎた父の友人が、「あそこで日章旗を掲げているのは、君の末っ子ではないか？」と父に知らせた。そして父に「君はご飯を食べなくてもお腹がいっぱいになりそうだ」と言った。体の小さい私が、背の高い先輩たちを差し置いて日章旗を掲げ、他の生徒たちを主導している事実を褒め称えたのだ。

私と一緒に学校へ通い、日本へも一緒に行った同期たちは、ほとんど日本語を忘れてしまったのに、私は今でも日本語を忘れていない。今も日本に抗議に行くと、通訳を通さずに、直接日本語で堂々と談判できるほど達者だ。

学校へ通える、就職もできると言われて

6 年生になっていくらも経たないある日、日本人校長正木俊夫先生が近藤という名の憲兵と共に教室へ入って来た。そして、私たちに向かって「日本に行って働けば、お金もたくさん儲けられるし、女学校にも進学できる」と話した。また、「故郷に帰りたければ、何時でも帰って来られる」とも説明した。そして「行きたい人は手を挙げなさい」と言うので、クラスの全員が手を挙げた。すると校長は担任の先生に「この中で頭が良くて、身体が元気な生徒を 10 人だけ選びなさい」と言い、級長をしていた私が真っ先に指名された。さらに、担任は体格が良くて勉強ができる 9 人をさらに選び、校長の指図した 10 人を満たした。私は日本に行ける 10 人のうちの 1 人に選ばれたことが、それこそ夢のように感じられた。日本に行って勉強して帰ってきたら、「先生になりたい」という私の夢が叶えられそうだったからだ。担任の先生は、指名された生徒たちに「家からお父さんの印鑑を持ってくるように」と言いつけた。私は、何よりも女学校に進学できるということがとても嬉しかった。そして家に帰るや否や、両親に誇らしく話を切り出した。

ところが、父からは逆に激しく叱られてしまった。父は「朝鮮にいても日本の奴らが朝鮮人を獣扱いするのに、日本まで連れて行って、そんな良いことをさせてくれる理由があるか? 多分、死ぬほどつらい仕事をさせられるだけだ」と言う。「もしかしたら、生きて帰ってくるのも難しいかもしれない」と付け加えた。そして、「校長の話を鵜呑みにするな」と念を押した。

しかし私は父の言葉が信じられず、逆に印鑑を押してくれない父を恨んだ。女学校にも通わせてくれない中で、日本に行くことまで邪魔されたと感じたからだ。しかし父の厳しい言葉にはとても逆らえず、残念だが日本へ行くのは諦めなければならないと考えた。

次の日学校に行って、担任の先生に「日本へ行かない」と言うと、正木校長が直接教室まで来て「指名されても行かないと言うのなら、お父

さんとお母さんを警察に逮捕させ、監獄に入れてやる」と脅された。私は父が話した言葉を思い出して、そのまま伝えた。だが、校長はこれには何の返事もしなかった。そして今度は「君のように勉強ができる生徒が行かないと言いだしたら、この学校から行く人がいなくなる。だから、君は必ず行かなければならない」と、私をなだめにかかった。たとえ学校で堂々と談判しても、まだ6年生になったばかりの子どもに、「両親を逮捕して監獄に送る」という校長の脅迫がどれくらい怖かったかわからない。私は自分のせいで憲兵が家まで来て、うちの父と母を捕まえていくのが怖くて、家に帰っても両親に何も言えなかった。

ところが数日後、父がしばらく外出した。私はこの時を逃すまいと思い、壁にかかった棚から父の印鑑をこっそり取り出した。だが実際に印鑑を取り出そうとしても、背が届かなかった。悩んだ挙句、枕を2〜3個積んで足で踏んで登り、やっと父の印鑑を取り出すことに成功した。そして、父の印鑑を担任の先生のもとに届けた。

夢を抱いて日本に

1944年5月30日午前11時頃、私たちは運動場に集められた全校生徒の見送りを受け、学校から羅州駅に出発した。日本までの引率は、近藤憲兵と当時臨時教師として勤めていた孫相玉（ソンサンオク）（日本名松山）先生が受け持った。6年在学中に名古屋へ一緒に行った級友は、李ユニョ、金オクニム、徐（ソ）サンオク、李スンレ、金ヒャンナム、李ヨンオク、李エスン、カン・ジョンジャ、そして名前を思い出さない1人まで、私を含め合計10人だった。また卒業生の中から1年先輩が7人、2年先輩が7人等、全部で24人がこの日、一緒に汽車に乗った。

私は日本に出発する日の朝まで、両親にとても打ち明けられないでいた。ところが羅州駅に行くと、後で消息を聞いて駆け付けてきた両親が、まるで「気が触れたような」姿で私を捜しているのだった。ここで親に

1944 年 6 月上旬、全羅南道、忠清南道から動員されてきた朝鮮女子勤労挺身隊員約 300 名が三菱重工第 4 菱和寮に入寮する場面。

名古屋に到着後間もない 1944 年 6 月上旬、熱田神宮、名古屋城、愛知県庁、愛知県護国神社などに連れて行かれたときの羅州小隊の「記念写真」。前列右から 6 人目が梁錦徳さん、3 人目が金恵玉さん、後列左から 4 人目が李東連さん。

見つかったら、日本へ行くこの汽車に乗れないと思った。私と同じように親の許しを受けずに来た他の 2 人の子と共に、汽車の後に身を隠した。そして駅に勤務している駅員さんに事情を説明し、「汽車が出発し始めたら、その時汽車に乗せてほしい」と頼みこんだ。やがて汽車が出発すると、私たちは駅員さんの助けで汽車に乗った。私はその時初めて顔を汽車の外に出し、両親に向かって「行ってきます」と挨拶した。すると母はその場に座り込んで、地面を叩いて大声で号泣した。母に申し訳ない気がしたが、私は「日本に行って中学校に進学するだけのことで、たいしたことではない」と思っていた。逆に、胸のうちでは心がときめいているのだった。

すでに木浦（モクポ）から女子生徒をたくさん乗せて出発した汽車は、羅州で私たちを乗せ、光州（クァンジュ）、順天（スンチョン）を経て麗水に向うのだが、経由地ごとに女子生徒がどんどん汽車に乗ってきた。麗水で合流した少女まで約 150 人の生徒たちは麗水港で船に乗り、次の朝、日本の下関で降りた。そこから再び汽車に乗って名古屋に着いた。宿舎に入ったのは午後 4 時半位で、一部屋に 6～7 人ずつ入れられた。名古屋に到着した最初の一週間は、景色の良い公園、名古屋城、動物園、神社等に連れていかれ、私たちには好感が持てた。その時までは「日本に来て良かった」と思っていた。しかし、それはそこまでだった。

空腹と民族差別の苦痛を受け

一週間後、工場に連れていかれた私たちは、まるで軍人のように人員編成された。第 1 中隊は全南出身の生徒で構成され、第 1 小隊は木浦、第 2 小隊は羅州、第 3 小隊は光州、第 4 小隊は順天、第 5 小隊は麗水出身者で占められた。また各小隊はさらに 4 つの分隊に分けられ、羅州出身の私は第 1 中隊第 2 小隊第 4 分隊の分隊長を任された。分隊長は、朝

熱田神宮参拝に動員される。旗に「女子航空挺」とある。（1944 年 6 月上旬）

山添三平舎監と全南中隊。額に日章旗、神風のハチマキ。左腕に三菱の腕章。後列左から３人目が梁錦徳さん

夕毎に自分の分隊員の人員把握と特異事項を報告させられた。

私たちは三菱重工業名古屋航空機製作所の道徳工場で、午前 8 時から一日 10 時間、毎日強制労働を強いられた。冬は陽が短いので 8 時間だった。寄宿舎で朝 6 時に起き、7 時に朝食を食べ、日本人引率者の笛の音に合わせて、寄宿舎の前庭に小隊別に列を作って並んだ。そして徒歩 20 分の距離にある工場に移動した。移動する時は常に 4 列に並んで歩き、前の人の後頭部だけ見なければならなかった。少しでも他に目を逸らすと、どこかに逃亡すると見えるのか、引率の日本人が軍靴で強く蹴飛ばした。そのせいか、毎日その道を行き来しているのに、そこがどこなのかまったくわからなかった。もし逃げようとしても、懐にお金が一銭もなく、そんな気も起きなかった。 一方、名古屋まで引率してきた孫相玉先生は 1 ヶ月間一緒に留まっていたが、少し経って「体調が良くない」と言って、顔が見えなくなった。そっとひとりで韓国に戻ってしまったのだ。

工場では女子生徒 24 人毎に 2 人の日本人班長が配置され、常に作業場を歩き回って監視された。私はシンナーとアルコールで飛行機部品のサビを拭い取り、飛行機の胴体にペンキを塗る仕事をさせられた。シンナーとペンキの臭いがきつ過ぎて、頭痛がしてよく目がくらんだ。しかし、マスク等のようなものは支給されなかった。この時鼻を悪くして、私は今も臭いをよく嗅げない。シンナーとアルコール、ペンキを手で直に触るので、冬は手の甲が裂けて血が乾く日がなかった。ローション一つあれば大丈夫だったろうに、それすらくれなかった。ペンキが目に入ることも多く、休み時間には水で手と目を洗い流した。ペンキをよく洗い落とさないと目が痛くて、涙をぼろぼろ流さなければならなかった。保護メガネや目薬さえあったら、私の右目が今のように悪くなることもなかっただろう。背が届かなくて踵（きびす）を上げたり、1〜2 メートルの高さの踏み台に上り、作業させられた。飛行機の胴体にペンキを塗った翌日は、全身が痛くてまともに動けなくなった。

しかし何よりもつらいのは、腹が減ることだった。寄宿舎で出される食事は、一握り程にしかならない麦飯に味噌汁と沢庵ですべてだった。工場で食べるお昼もまた、粘りが少しもない麦ご飯少々に沢庵と梅干 2 個がおかずだった。盆や正月、そして何か自分たちに良いことがあると、日本の伝統料理がおかずに少し出たが、それだけだった。ご飯だけでも充分に食べられたら良い、という思いしかしなかった。しかし、日本人監督官は「自分たちの言うことを聞かない」とご飯まで奪い、「体の具合が悪くて工場に行けない」などと言ったら、初めからご飯をくれなかった。それで体の具合が悪くても、友だちの助けを受けてでも工場に出た。

工場には朝鮮から来た私たちだけでなく、名古屋出身の日本の師範学校の生徒たちが 100 人余り「勤労挺身隊」という名で働いていた。しかし小学校 6 年位の私たちとは違い、彼女たちはもう 20 歳近かったし、各自家から工場に出勤していて、ご飯も満足に食べていた。それで師範学校の生徒たちは工場の食堂でお昼を食べても、残すことが多かった。そんなある日、配給を待っていた私は思わず、師範学校の生徒たちが捨てた食べ残しに手が行った。誰かに見られるかと、すばやくすそに食べ物を隠した。ところがこの姿を発見した日本人が近寄ってきて、「食べ物を床に下ろせ」と言いながら、足で踏みにじってしまった。そして「汚い朝鮮人」と罵声を浴びせた。

私だって、食べ残しに手をつけることが恥ずかしいという思い位あるだろうに！ でも余りに腹が減り過ぎて、恥ずかしいなどと考える余裕もなかった。また、空腹に耐えかねて食堂に忍び込んで、こっそり沢庵を盗んだこともあった。ところがしょっぱい沢庵を食べ過ぎ、夢中になって水をたくさん飲んだら、激しい下痢をして日本人からひどく叱られた。

また工場が休みの日曜日には、友だちの金恵玉（キムヘオク）[6]とこっそり寄宿舎を抜け出し、近所の畑でナスとキュウリを盗み食いした。みな、とてもお腹が空いていたのだ。

私は､食堂で働く日本人によく挨拶をした。また廊下を清掃する時は、食堂の前まで綺麗に掃いて拭った。食堂の人たちはこんな私を見て、食べ残ったご飯を別に残してくれ、親切に「隠れて食べなさい」と言ってくれたりした。寄宿舎にいた日本人は比較的良い人たちだった。舎監は自分を「とうちゃん」と呼べと言い、若い人のことは「にいちゃん」と呼ばせた。

良い人も少しはいたのだが、日本で働いていた時は、朝鮮人に対する蔑視で本当につらかった。工場の食堂では、常に日本の師範学校の生徒たちがみな食べ終わった後になって、やっと食べられた。

仕事中にトイレへ行くのですら、いつも日本人の方が先だった。それでいくら急いで行ってきても、しばしば遅れて戻った。するとある日、作業班長が「なぜそんなにトイレが長い」と私の頬を殴った。私は「早くトイレに行きたくても、日本人に順番を横取りされてどうしても遅くなる」と抗議した。ある時、日本人に順番を横取りされ、服に思わず漏らしてしまった。すると、私に「遅い」と叱った日本人作業班長も、その後は「トイレが遅い」と文句を言うことはなくなった。

面会に来た兄さんに会う

勉強をさせるため父が日本へ連れて行った兄は、最初から住まいも仕事もあり、日本人女性と結婚して子どもも生まれた。私より先に日本で暮らしていた兄は、私が手紙を出すと面会に来てくれた。桜の花が咲く

---

[6]**金恵玉**（キム・ヘオク）　羅州から一緒に動員された友だち金恵玉は日本から謝罪を受けられないまま、2009年故人になった。

頃にも再度来てくれ、花が散った後も来た。解放後も、家に戻るまで 5、6 回程訪ねてきた。兄の日本人妻が食べ物を用意してくれ、羅州出身の友だちと外出して食べたりできた。当時、兄は大阪で暮らしていた。日本で日本人妻と暮らしていたせいか、外見はまるで日本人のようだった。そのためか、寄宿舎を管理する日本人も、兄が面会に来ると寄宿舎の 2 階の余った部屋を 1 つ用意してくれ、兄と共に一夜を過ごせた。兄が面会に来る日は、気持ちがとても浮き浮きした。しかし、兄は日本軍の騎馬隊に入った後、馬から落ちて亡くなってしまった。解放になって私は家に戻ったが、兄は永遠に帰ってくることができなかった。

東南海地震[7]と日本の敗戦

1944 年 12 月 7 日、お昼を食べ、午後の作業がちょうど始まる頃だった。午後の作業が 1 時から始まるので、昼食を食べ終えた私は工場の外の椅子に座って休んでいた。寄宿舎の小隊長で、羅州小学校の 2 年先輩の崔貞禮（チェジョンネ）（日本名は山本貞礼）が、「やりかけた仕事が残っているから、早く入ろう」と催促した。だが、私は「休み時間が 10 分も残っているから、もう少し休んでから行く」と答えた。崔貞禮先輩は先に作業場に入ったが、私は 10 分間休んでから作業場へ向かった。

ちょうど作業場に入った時だった。突然地面が揺れ、どこかから「地震だ、地震！ 早く外へ出ろ！ 」という叫び声が聞こえた。私は周辺を見回す間もなく急いで飛び出たが、途中で壁が崩れ落ち、その中に身動き

---

[7]**東南海地震**　1944 年 12 月 7 日午後 1 時 36 分に起きたマグニチュード 8.0 の地震。愛知県を中心に死亡者及び行方不明 1,223 人、家屋の全壊 18,008 軒、流失家屋 3,129 軒の大規模被害をもたらした。しかし戦争中に軍需工場が壊滅的な損害を受けたので、死者 2,306 人を出した翌 1 月 13 日の三河地震も含め、ほとんど報道されなかった。

もできず閉じ込められてしまった。ところが、10 分先に作業場に入った崔貞禮と 6 年の同期だった金香南（キムヒャンナム）（日本名、金田タケコ）が、そのまま崩れて来た塀の下敷きになり、その場で死んでしまった。わずか 10 分の間で生と死が分かれた。この地震で光州出身 1 人、霊岩（ヨンアム）（全南）出身 1 人、木浦出身 2 人、羅州出身 2 人の 6 人が亡くなった。人の命がいくら天の定めだといっても、余りに虚しく悲しかった。その先輩と友だちは、幼い齢で日本に連れて来られ、進学どころか給料の一銭も貰えず、飢えながら苦労だけして、そのように虚しくこの世を去ってしまったのだ。

崩れた壁の隙間に閉じ込められていた私は、幸いにも他の人の助けで命拾いすることができた。ところがこの時、左のわき腹に大きな傷を負ってしまった。特に薬を塗ることもできず、3 ヶ月間夕方になると食堂に降りて行って、働いている日本人に味噌を分けてもらい、傷口に塗り付けた。そして味噌が傷口から剥がれないように、ケガをした部位を床側に当てて眠りに入った。その傷痕は今も鮮明に残っていて、この時ケガをした左の肩は、今も後遺症で私を苦しめている。

地震と翌年の米軍の空襲で、工場をはじめ名古屋全域が廃虚に変った。私たちは 1945 年の初め、富山県の三菱重工業大門工場に移動させられた。富山は冬に雪が降ると、山頂は夏までその雪が溶けないような所だった。ここで私たちは、名古屋の道徳工場と同じような重労働に苦しめられることになった。

工場の仕事を終え寄宿舎に戻ると、1 ヶ月に一度は家に手紙を書くように、家の住所が書かれた封筒と便箋を 1 枚ずつ分けてくれた。常にお腹がすいていた私は、故郷の家に「麦焦がしやおモチを送って欲しい」と手紙を書いた。手紙を書いていると、誰かが親や家のことを思い出して泣き始める。すると、寄宿舎全体が涙の海になった。日本人の舎監がやってきて静かにさせようとしても、私が立ち上って「あなたは親に会いたくないのか？」と問い詰めた。すると舎監は特に返事もできず、すごすごと戻っていった。しかし涙の中で送った多くの手紙は、ただの 1 通も家には届いていなかった。寄宿舎で全部捨ててしまったのだ。後に家に帰ってみると、「お腹いっぱいおコメの飯を食べながら女学校に楽しく通っているから、心配するな」という、偽りの内容が書かれた手紙が 2 通だけあった。その 2 通の手紙など、見たくもなくてさっさと焼いてしまった。

日本に連れて来られる時に約束された女学校進学はもちろんのこと、月給をただの一銭ももらえなかった。日本人たちからは「私たちは君の故郷の家の住所を知っているから、間違いなく月給を送る」と説明された。私は「日本人は正直だから嘘をつかない」という言葉を固く信じたのに、結局全てが嘘だった。

母の願いがかない、再会

1945 年 8 月 15 日、韓国は解放を迎えたのに、日本にいた私たちは解放になった事実も知らず、相変らず工場と寄宿舎を行き来して働いていた。そんなある日、麗水出身の生徒のお父さんが、「解放されたのに、なぜ娘を家に帰さないのか！」と大門工場まで訪ねて来た。その時初めて、私たちは解放されたという事実を知ることになった。そして「家に帰してくれなければ、いっそここで死ぬ！」と、寄宿舎の裏にある川にジャブジャブ入って行き、家に帰してくれるよう強く要求した。

そして、ついに私たちは家に帰れることになった。日本人が買ってきた切符を持って下関から釜山（プサン）まで船に乗り、私たちは再び汽車に乗った。そして 1945 年 10 月 22 日、私は最終列車で羅州駅に到着した。壁にかかった時計を見ると、夜の 11 時 40 分を過ぎていた。駅には母が迎えに出ていた。駅長が私たちを見て、「錦徳はどこだ？」と尋ね、「お母さんにきちんと挨拶しろ」と言った。後になって知ったことだが、母はいつ帰って来るかもわからない私を待って、解放になった日から毎日のように朝から駅に出て来て、最後の汽車が駅を離れてからやっと家へ戻ったという。初めは 3 人のお母さんたちも一緒に通ったのだが、2 人は途中であきらめてしまい、もうそれ以上は来なかったが、母はもしかしたら「今日は来るか？」「明日なら来るのか？」という気持で、一日も欠かさず私が帰るその日まで駅に迎えに来たのだ。そのように家と駅を行き来する間に、母の靴底が 1 足全部すり減ったそうだ。町内の人々は、皆が母の真心に感服した。感極まった母と私は、互いに抱きしめ合っておいおいと泣いた。

　そして母の手を固く握りしめ、家へ向かった。母と一緒に家の庭に入ると、部屋にいた父が母の足音を聞いて、いつもと同じに「来たか？」と尋ねた。今まで「無駄でした」と答えてきた母が、今日は「来たよ」と答えた。すると父は嬉しさの余り、庭に部屋から飛び降りる時、足を踏みはずして額が裂ける怪我をしてしまった。だが、父は傷にもかかわらず私を見てとても喜んで、わが家の庭は涙で溢れてしまった。父は解放になっても私が家に帰って来ないので、落胆した余り酒に溺れてしまった。そのせいで体がとても悪くなり、3 ヶ月も病床に伏せっている状態だった。

日本へ行ったという烙印

　日本から帰って来た私は、結婚する前まで家事を手伝い、母から色々教わった。姉たちはすでに結婚して家を出て行って、私だけ残って暮していた。家に帰ると、日本とは違い飢えることがなくて助かった。また解放になり、農業収穫物の半分を日本に奪われることもなくなり、家の生活状況も改善した。それで、私はすべての苦労が終わったものとばかり思っていた。だが全く考えてもいなかったことが起きて、両親と私は大きな苦痛を味わうことになった。周囲の人たちは、私が日本に勤労挺身隊ではなく、日本軍「慰安婦」[8]に行ってきたと考えたのだ。当時は、人々が、「慰安婦」と勤労挺身隊の違いを知らなかった。それで女が日本に連行されて帰ってきたとしたら、日本の軍人を相手に「体を売ってきた」と考える方が普通だった。

しかし事実、日本軍「慰安婦」ハルモニたちも、私たちと同じように日本での就職を口実に騙されたり、拉致されて強制的に連行された人たちだった。私たちが強制労働という事実を知らないまま日本に行ったように、元「慰安婦」のハルモニたちもそうだった。しかし、人々は強制的に連行された元「慰安婦」被害者の痛みを気の毒に思ったり慰めたりするどころか、まるで伝染病にかかった人に対するように避けて、逆に軽蔑するのだった。

ある日、村のおばさんたちが家に来て、私に「お金をたくさん稼いで来ただろうから、今度は家も買って土地も買え」と言うのだった。両親が「それは何のことか？」と聞くと、「日本に慰安婦で行って、お金をたくさん稼いで来たのではないか」と言うのだった。父は「日本の工場に行って死ぬほど仕事だけさせられて、一銭も貰えずに帰って来た娘に対して、何てことを言うのか？ 男の手すら一度も握ったことがないのに」と腹を立てた。父はこんなことがくり返されると、癇癪を起こし機嫌を損ねて、より頻繁に酒浸りになってしまった。結局、父は食べものも口にせず、毎日吐いてばかりいて、私が結婚する姿も見ないままこの世を去ってしまった。

結婚適齢期になると、母は私に「日本に行って来たと、絶対に口にするな」としつこく頼みこむのだった。あちこちから紹介も多く入ってきたし、いざ見合いをすると、皆私を良いように見てくれた。ところが、

[8]**日本軍「慰安婦」**　第 2 次世界大戦当時、日本軍が設置した慰安所に強制動員され、性奴隷生活を強要された女性

どこかから私が「日本に行ってきた」という話を聞いた後は、「今回の縁談は全てなかったことにしよう」と言う。それどころか、結婚式の日取りまで決めておいて破談になったこともあった。皆、私が「日本に行って悪い事をしてきた」と理解したのだ。近所では、全く人に会うことすらできなくなった。

全南和順で新婚生活

和順に嫁入りした２番目の姉が、友だちの弟を良い人だと紹介してくれた。名前は朴玉植（パクオクシク）で、私より６歳年上だった。その人と私は、1949 年に羅州の実家の庭で結婚式を挙げた。昔は結婚式を新婦の家で挙げるのが慣例だった。結婚式の当日は実家で一晩寝て、次の日新郎と共に夫の家に行った。とても素敵な結婚式だった。式の日にはカメラマンも呼んで、写真もたくさん撮った。４ 番目の姉がその写真を持っていたが、翌年に起きた６・25 韓国動乱（朝鮮戦争）の騒ぎで全部失くしてしまい、今は１枚も残っていない。

結婚後、私は夫について全羅南道和順郡和順邑光徳里（クァンドンニ）に移住して暮らした。夫は舅と同じく大工で、主に学校の教室を作る仕事をしていて、腕も良かった。夫は心遣いも優しく、周辺の人たちとも皆円満に過ごす性格だった。夫は、結婚前から和順で地元の消防隊長を引き受けて活動していた。報酬は貰わず、地域住民と国のために志願した仕事だ。結婚後は、私が夫の消防服と靴の手入れをして保管していて、非常連絡が来ると夫に差し出した。

結婚した次の年に朝鮮戦争が起きたが、私たちは特に避難はしなかった。人々に巻きこまれて、どちらか一方に加担する事もしなかった。ただ、婚家の本家が私たちの暮らしていた家からわずか３、４軒程の距離にあって、家の規模が大きく、庭の片隅に防空壕を掘って一緒に隠れたりした。夜になるとその壕に入って眠り、朝になると外に出て市場にも行き、普段通りに活動し生活を続けた。それでも、できるだけ人が多く集まる処には行かないようにして、特別なことがない限り市内にも出なかった。理由もなく遊撃隊[9]と誤解され、連行されたりすることがあったからだ。幸い婚家が和順の名士で、舅と小姑が賢くて家の人々が多く、大した困難なしに戦争から抜け出ることができた。

戦争真最中だったある日、釜山から来たという学生2人に食事させてあげたことがある。学生たちは、人民軍について北に上る途中と言った。私が「今からでも家へ帰るように」と説得すると、2 人の学生は私の話を聞いて釜山に戻った。その時わが家の住所を書いていった学生から手紙を1通受け取ったが、その後は連絡が途絶えて、どうなったのかわからない。家に帰ったのか、でなければ再び人民軍について山に入ったのかはわからない。

初めの子は、戦争が勃発した年に生まれた。しかし、わずか4年で亡くなってしまった。ある日、子どもが風邪を引いたように苦しがって、病院に連れていって診察を受け、注射を打って家に帰ると、そのまま死んでしまった。そのように先に死んだ最初の子の下に子どもが3人生まれた。最初の子が生まれた翌年に次男を、再び2年後に3番目の息子を産んだ。そして末娘は34歳で産んだ。

不幸の始まり

次男を産んで暮らしていたある日、外から帰ってきた夫が「日本で男を何人も相手にしたのか? 」と言いながら、私に「汚らしい女」と大声を出した。結婚して一緒に暮しながら、私が姉たちと会うと日本語で話を交わして笑い騒ぐのを見た夫から「困難な状況で育ったのに、どうし

---

[9]**遊撃隊**　6・25戦争を前後して活動した共産主義非正規軍を称する言葉で、「パルチザン」とも言う。

てそんなに日本語が上手いのか？」と聞かれたことがあった。私は「当時、日本に住んでいた兄のおかげで、日本に行って勉強したからできる」と話した。「名古屋の三菱の工場で働いた」と、ありのままを話すことはできなかった。夫がもしかして私の話を信じずに、他の人のように「日本の軍人を相手にして来た女」と考えるのではないかと怖かった。国の力がなかったせいで、幼い私まで日本に行って苦労して帰ってきたのに、周囲の人から慰労どころか非難されなければならないことが、余りに悲しくて口惜しかった。

夫は私の話を信じなかった。私は「人のことをこんなに信じられないのに、どうやって一緒に暮らせるのか。いっそ離婚しよう」と言った。その時初めて、夫は「自分が悪かった」と言った。しかし、同じ理由の喧嘩がいつもくり返された。

夫は外に出て遊ぶようになり、他の女と暮らし始めて家を出て行ってしまった。結局、生計を維持するのは私だけになった。私は実家の母に「子どもたちの面倒を見てほしい」と頼みこみ、外に働きに出てお金を稼いだ。

そして、夫は家を出て行って 10 年余り過ぎたある日、病気にかかった体を引きずって家に戻ってきた。お金もまともに稼げず、酒だけ飲んでいるので、その女にも見捨てられたのだ。 夫が家に入ってくる時、男の子 3 人を連れていた。私が「これは一体どういうこと？」と糾すと、夫はすぐに「お前は日本で体を売って来た身なのに、私が少し浮気したくらいでそれが何の罪か？」と、逆に大声で騒いだ。夫は、初めは「3 人の子は友だちの子だ」と言っていたが、事実は「二号」の女が産んだ子たちだった。腹が立ったが、既に子どもたちは入っていて、後には本人も「悪かった」と謝るので、夫を再び受け入れるしかなかった。

33 歳の頃、子どもたちに勉強させようと和順から光州に引っ越した。光州駅の近くに部屋を借りて数ヶ月間住んだが、初めての仕事は駅前でガムとパンを売ることだった。末娘は光州に来てから産んだが、生まれてまだ2歳にもならない時に夫が亡くなった。重い病気にかかって家に帰ってきたのだが、最後まで回復しなかったのだ。

考えてみれば、夫も実に可哀想な人だ。誠実で優しかった人なのに、私が日本に行ってきたという事実を知った後、苦しさに耐え切れず体を壊したからだ。自分を苦しめたことが事実でなかったと夫が知ったのは、とても遅くなってからだった。他人はさて置いても、夫ですら私の話を信じるまでこんなに長くつらい年月を必要とした。この間、犯した罪もないのに、私が罪人のように口惜しい暮しを送らなければならなかったのは、一体誰の過ちなのか？

私には、夫との間に生まれた子3人と夫が外から連れて来た子が3人、こうして全部で 6 人の子たちが残された。その時、私はまだ 36 歳だった。

6人の子を養う

光州駅前でパンを売っていた時、私が商売している周辺を一日中うろついて時間を過ごしている若者が 1 人いた。汽車が駅に到着する時間になると駅舎の中に入り、しばらくすると再び私が商売している所に来たりした。今考えてみると、おそらくスリのようだった。彼に「どこに住んでいるのか」と尋ねると、「良洞（ヤンドン）（光州市西区）に住んでいる」と言う。その時は、良洞がどこにあるのかも知らなかった。引っ越ししなければならなかった私は、「良洞に行けば、住めそうな家を探せるか」と問い直した。光州に何の縁故もないので、ただ、よく見る人に何も考えず聞いてみる他なかった。その人は迷わずに、「家をひとつ知っている」と教えてくれた。今住んでいる家が、彼が教えてくれた家だ。

初めて引っ越してきた時、その家は、貧しかった前の住人が直接山から木を切って来て作った小屋のような家で、今よりも小さかった。この家に入って暮しながら、ガムとパンを売っているだけでは子どもたちを食べさせて教育を受けさせられないと思い、大仁(テイン)市場(市内東区)に行ってイシモチを売り始めた。リヤカーを引いて家を出て、西中学校[10]を経て錦南路(クムナムノ)を過ぎると大仁市場に着く。1時間程かかるその道を、雨が降ろうが雪が降ろうが、一日も欠かさずに通った。商売する時、お昼を買うお金が惜しくて、マッコリ(濁酒)1 杯でご飯代りにしたこともある。喉が渇いて声が出ない時、マッコリを飲むと力が出た。7 人の女たちと一緒に商売していたが、「その日最初に物を売った人が酒をおごろう」と賭けをした。そして、私がおごる羽目に陥ることが多かった。

私は魚に塩味をつけるのが上手かったので、私を訪ねる常連も多かった。幼い末娘を背負って働いていると、常連でない通りすがりの人も私の姿が可哀想に思えたのか、魚を買ってくれたりした。気立ての良い食堂の主人夫婦に会い、食堂の前の場所を貸してくれて商売できたのは、魚売りをしながら出会った中で最も大きい幸運だった。私は自分なりに食堂の主人にお礼しようと、こちらの客がまばらになると食堂に入り、皿洗いをしたり器を拭いたりした。またおかずも作ってあげ、朝早く出てくると、おコメもあらかじめ洗って水に漬けておいたりした。まるで親のようだった主人夫婦は、店の前の場所を他人には許さず、ただ私だけ商売できるように確保してくれた。私さえ勤勉に働けば、いくらでも人から評判を買って暮らせることを知った時だった。

今よりはるかに大きいイシモチ一束[11]を 30 ウォンで売った時期から始めて、20 年間イシモチを束にして売った。今でもイシモチを縄で綺麗に縛る自信がある。こうして熱心に働いたおかげで、今暮す家も用意することができた。またそのお金で子どもたちに勉強させ、結婚もさせた。

働かなければ飢えて死んでしまう境遇だったので、一日も休めなかっ

---

[10]**西中学校**　現在の光州第一高等学校

[11]**束**　魚を一列に 10 匹ずつ縛って、二列 20 匹で売る単位

た。一日商売してモチキビを１升買って、それでお粥を炊いて朝、夕食を食べることができた。私が市場で仕事している間、子どもたちは真鍮の容器を持って町内からご飯をもらってきた。盆や正月には田舎や親戚の家からご飯やモチをもらい、町内で祭事があるといえば、その家に行ってご飯をもらった。ご飯をたくさんもらった日は、次の日まで食べることができた。若くして６人の子どもを育てたので、やったことのない仕事などなかった。生きてきた歳月を想うと涙が出る。

私は貧しい中でも、夫が外から連れて来た子と私が産んだ子を区別せずに育てた。もし誰かに聞かれたら、子どもがまだ幼い頃は「説明するのが複雑な事情があり、しばらくお父さんとは別居して暮らす」と言った。そして、もしかして本当のことがばれないかと思い、自分が産んだ子より逆により多く食べさせたりした。子どもたちはみな、高等学校まで通わせた。そして学校を卒業し、社会に出てお金を稼いで、各自自分の伴侶と出会って結婚した。豊かではなかったが、みな結婚式も挙げさせてやった。私もお人好しだが、周辺の人たちが結婚式に来て手伝ってくれたおかげだった。

次男は最初の子と同じく、もうすでに亡くなった。結婚して子どもまでいるのに、ある日膵臓癌にかかり和順病院に入院してわずか３ヶ月で死んだ。本当に賢くて良い息子だったので、より心が痛む。子どもたちを育てて大変なことはあったが、後悔はない。私が自分のできる最善を尽くして熱心に暮らしたからだ。つらい商売でも、子どもたちと暮しそれなりに幸せだった。

何よりも、実家の母が家の暮らしを助けてくれて大きな力になった。母は私が市場に行って働いている間、家事をして子どもたちの世話をしてくれた。母は家事に万能で、料理も上手だった。今も私の料理はそう悪い方でないが、若い頃は本当に上手に作った。母から学んだからだ。

特に私が作ったエイの和え物は、私の子たちや周囲の人たちの好物だった。私のエイの和え物は、酢入りの唐辛子味噌ではなく、味噌に唐辛子を入れてゴマ油であえるのが秘決だ。ところが、今はエイの味が以前と違い、あまり良くない。羅州駅と家を毎日行き来して、帰って来る約束もない私をひたすら待ち続けたお母さん。母は、小学校も卒業してない末娘が結婚後、上手く暮らしていけるか心配していた。そして、苦労ばかりの人生をここ良洞の家で、79の齢で亡くなった。

期待と心配の中嫁がせた娘が、日本に行ってきたせいで婿に見捨てられ、一人で子どもたちを必死に育てる姿を見て、母はどう思っていたのだろうか。そして、婿が10年ぶりに他の女の子どもを連れて帰って来た時の気持ちは、またどうだっただろうか。私は母に大きな不孝をした。6年の時、日本人校長の懐柔と脅迫を、一人で悩まずに両親に打ち明けるべきだった。そうすれば日本には行かなかっただろうし、周囲の人から後ろ指を指されることもなかっただろう。そして何より、母は私の平凡な結婚生活を見守りながら、父と共にさらに永く幸せに暮らせただろ

梁錦徳さんのお父さんの葬儀。最前列左から５番目が梁錦徳さん

う。過去のつらい歳月を私が耐え切ることができたのは、常にそばで力になってくれた母のおかげだ。母に有難く、申し訳ない気持ちでいっぱいだ。

高橋さん、小出さんとの出会い

1998年に、名古屋の女性伊藤啓子さんの招待で名古屋へ行き、地震で死んだ友だちの名前を刻んだ追悼記念碑を訪ねた。そのことがきっかけで、高橋さんと小出[12]さんを知った。「日帝強制占領期に名古屋の三菱工場へ強制動員された人を捜している」という。その時から、私は表へ出せずに隠し続けて来た、日帝強制占領期に強制動員されたことを明らかにし、日本と真っ向からぶつかって闘い始めた。その初めの一歩を踏んだところに太平洋戦争犠牲者光州遺族会の李金珠[13]会長さんがいて、多くの助けをくれた。李金珠さんがいろいろと私たちの世話をしてくれたので、私も遺族会に加入し、会長と共に光州千人訴訟[14]、関釜裁判[15] な

---

[12]**高橋信**　「名古屋三菱・朝鮮女子勤労挺身隊訴訟を支援する会」共同代表。
小出裕　同事務局総務（事務局長）。

[13]**李金珠**(イ・クムジュ)　太平洋戦争当時、強制徴用で夫を失った。解放後日本に強制動員された被害者と遺族たちと出会い始め、1988 年「太平洋戦争犠牲者光州遺族会」を結成した。李金珠会長は梁錦徳さんのように勤労挺身隊として日本に行った人たちにも深い関心を持ち、千人訴訟、浮島丸号訴訟 など、7 件の日帝強制動員訴訟を進めた。

[14]**光州千人訴訟**　1992 年 2 月 17 日、日帝強制動員被害者と遺族ら原告 1,273 人が、日本の公式謝罪と賠償、遺骨返還を求めて東京地方裁判所に起した集団訴訟。2000 年 12 月 21 日日本最高裁判所で却下、敗訴が最終的に確定。

[15]**関釜裁判**　釜山居住の元日本軍「慰安婦」3 人と梁錦徳さんを含む元女子勤労挺身隊員の合計 10 人が 、1992 年 12 月 25 日山口地方裁判所下関支部に提訴。1998 年 4 月 27 日一部勝訴。女子勤労挺身隊は除外したが 2001 年 3 月 29 日広島高等裁判所で 1 審判決取消し、敗訴判決。2003 年 3 月 25 日最高裁判所も上告棄却。戦前、釜山と下関間に定期連絡船の航路があり、釜山の「釜」と下関の「関」から「関釜連絡船」と呼んだ。それにならって「関釜裁判」と呼んだのが定着したようだ。

ど色々な訴訟に参加した。今、金珠さんは順天のある療養病院に入院しておられる。

そして 1999 年に、名古屋で遂に損害賠償訴訟を始めることになった。名古屋地方裁判所に提訴したのに続き、2008 年 11 月、最高裁判所にも直接上告に行った。しかし、2005 年 2 月 24 日の 1 審判決と 2007 年 5 月 31 日の控訴審でそれぞれ敗訴し、最高裁も上告を棄却したので、最終的に判決が確定してしまった。謝罪を受けるために、私はその間 35 回も韓日間を往復した。

ところが、結果がこのように出てしまったので、これならいっそ裁判しない方が良かったという気もした。日本人は人間ではないと思い諦めてしまえば、かえって気楽だと思ったからだ。「賠償金なんかいらない。お前たちにくれてやる！」と鬱憤晴らしでもできるからだ。「謝罪と賠償」という希望が、かえって私には負担になった。

それでも日本にさえ行けば、私たちを助けてくれる人たちが、私のことを「ヤン(梁)さん、ヤンさん」と優しく呼んで私に力をくれた。私と一緒に行った被害者を中心にして仕事を進め、尊重してくれた。何よりも、今まで謝罪を一度もしない安倍や日本政府に代わって、私に「申し訳ない」と許しを請うのだった。安倍と日本政府が公式に責任を取り、謝罪すれば全てのことがすぐ終るのに、いつまで口を閉じ続けるのかもどかしい。

その後、李国彦記者が私たちの所を訪ねてきて、勤労挺身隊として日本に行ってきた話を詳しく尋ね、今の「市民の会」が作られた。李記者に会ってから、私は人間らしい役割を与えられて生きている。世の中に出て、私たちのしたい話を世の中に伝えられた。また経済的な助けも絶えず受けている。

勤労挺身隊の闘い、先頭に立つ

十数年前まででも、市場や路上に出ると「あそこに、『慰安婦』のおばあさんが通るヨ」と、コソコソ言われることが時々あった。その度にいくら「『慰安婦』ではない」と話しても、信じてくれなかった。それどころか、家で子どもや友だちにも「日本に行ってきた」と話すことができなかった。一緒に生活しているのに、もしかして私の話が出ないかと先に席から立つこともあった。

2009年の秋、彼岸を数日前にした9月のある日だった。三菱が光州市役所の向い側に展示場を開き、車を販売するというニュースを聞いた。謝罪の一言なしに、こうやってノコノコ出てきて商売するとは呆れ果ててしまった。日本での訴訟がすべて敗訴し、もう諦めようとしていた気持ちに再び火がついた。到底じっと座っていることはできなかった。展示場に訪ねて行き、職員に「お前は韓国人か、日本人か」と問い質した。「韓国人が仕方なしに日本の自動車を売るのか」と大声を張り上げた。

そして、光州の三菱自動車展示場撤収のための1人デモを李国彦代表と共に始めた。毎日、お昼休みの時間にデモをしたが、普通5、6人参加した。当時、(光州市西区の公立)暁光(ヒョグァン)中学の校長先生だった金善浩(キムソンホ)さんは、一日も欠かさずにコーヒーとナツメ茶をいれて持って来てくれた。善浩さんは今、「市民の会」の顧問を務められていて、ことある毎に私たちを助けてくれている。そのおかげで、雨が降ろうが雪が降ろうが、疲れずにデモを続けることができた。ましてや私は、こういうことでは決して負けない性格だ。

三菱光州の展示場撤収のためのデモは年を越し2010年7月まで続き、結局11月16日三菱は光州の展示場から撤収した。私が勝ったのだ。食欲も落ち、力がなくて歳を取り、体の具合が悪くても諦めずに最後まで闘ったおかげだ。その間に大法院で勝訴し、手紙を書いて10年も経つが、三菱重工業からはまだ一言の謝罪もない。

三菱重工業の社長様へ

私は韓国光州に住んでいる梁錦徳です。日本へ行けば女学校に通わせてあげる。そしてお金も稼げるという言葉に騙されて、連れていかれたのはわずか13歳、小学校6年生の時でした。

幼い歳で日本に渡り、工場で強制労働させられた苦労は、一言二言では説明できません。故郷へ帰ってきて受けた苦痛は、より大きかったです。夫も、やはり日本に行って体を売ってきた女と誤解し、人様のように温かい家庭は一度も築けませんでした。

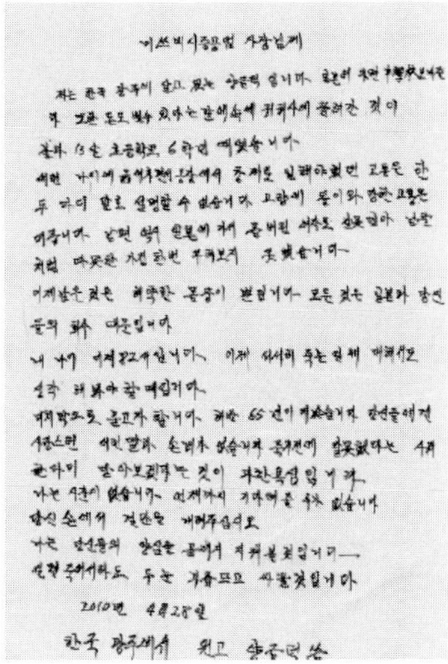
미쓰비시중공업 사장님께

2010년 4월 28일

한국 광주에서 원고 양금덕

「あなた方の良心を見守るでしょう。」2010年4月28日、梁錦徳さんが三菱重工業社長宛に直接書いた手紙

今や残されたのは虚弱な体だけです。すべては日本と貴方たちの会社のせいです。私はもう82歳です。そろそろ死についても考えなければならない時です。最後に聞きたいことがあります。

解放から65年過ぎました。貴方たちには愛しい幼い娘や孫がいないのですか。死ぬ前に「悪かった」という謝罪のひと言を言ってもらいたいというのは、過度な欲ですか。私にはもう時間がありません。

いつまでも待っていることはできません。貴方の手で決断をして下さい。私は貴方たちの良心を最後まで見守ります。

例え死んでも、二つの眼を見開いて闘うでしょう。

2010年4月28日韓国光州から　原告梁錦徳　拝

三菱光州展示場撤収のために 1 人デモをしていた 2009 年のことだ。日本の厚生労働省は、勤労挺身隊に行った私たちに厚生年金脱退手当金として 99 円(当時の韓国貨幣で約 1,300 ウォン)を支給した。99 円というのは、これは私たちをからかうのと変りなかった。当時、私は日本に行って厚生労働省の担当者に「私が 99 円あげるから、あなたの子どもたちに見せなさい」と言った。子どもですら鼻でせせら笑う金額だ。最近ではお菓子一袋買うのも難しいハシタ金だ。75 年前に子どもたちを連行し、人間扱いせずにこき使っておいて、今も被害当事者にこのように接する国は日本しかない。

幸い 2012 年 5 月、韓国の大法院は、日帝強制占領期の強制徴用被害者が(三菱重工業と新日鐵を相手に)起した損害賠償請求訴訟で、個人請求権を認める差戻し判決を下した。これを根拠にその年の 10 月、三菱重工業を相手に光州地方法院で再び訴訟を起した。そして 2013 年 11 月 1 日の 1 審判決と 2015 年 6 月 24 日の控訴審判決で勝訴し、ついに 2018 年 11 月 29 日、大法院でも最終的に勝訴した。

しかし、今まで安倍元総理をはじめ菅元総理もまた、一言の謝罪もしていないので内心怒りを抑えられない心境だ。私が死ぬまでに果たして謝罪の言葉と正当な賠償を受けられるか、本当に心配だ。日本に行く機会さえ与えられたら、謝罪を受けるために力を振り絞って闘うつもりだ。謝罪と賠償を受け取るまで、日本の人たちと最後まで追及して闘いたい。

この間、活動していると人々が関心を持つので、放送局から訪ねてきてインタビューを受けることになった。ところが、インタビューをして放送が一般に流れると、人々は私に「『慰安婦』ではないのか？」と聞く。「慰安婦」と勤労挺身隊の違いを知っている人が少ないからだ。しかし、以前とは違い、このことを恥ずかしく思いその場から逃げ出したりしなかった。私自身、何ら恥ずかしいことがないからだ。今まで真っ向から闘って来た自分が誇らしい。子どもたちも、この頃は私が日本に強制連行された事実を初めて知るようになった。子どもたちから「どういうことか? 」と尋ねられて、私は自分の体験したことを事実通りに話してやった。話を聞いた子どもたちは、私に「本当に立派だ」と褒め称えてくれる。

今は市場に行って、誰かから「『慰安婦』のおばあさん、何を買いにきましたか? 」と言われてもしょげない。かえって、横にいる人が私の代わりになって「このおばあさんは『慰安婦』ではない。お客さんが物を買いにきたのなら､ただ何を買いにこられたのですかと聞けば良いのに、なぜそんな風に呼ぶのか」と叱責する。するとその人も恥ずかしくなって､「申し訳ありません」と私に謝る。

今まで闘って来て得た成果のうち最も嬉しいのは、私が「慰安婦」でなく、勤労挺身隊に連行され苦労した人と、少しでも理解してくれる人が増えたことだ。特に、学校から招待されて生徒たちに私が体験したことを聞かせる席を用意してくれるのが本当に嬉しくて有り難い。光州にあるほとんどの中学・高校には訪問した。日帝強制占領期、日本に連行された 150 人の幼い生徒たちの話を聞くと、生徒たちは目を輝かせて耳を傾ける。本だけで習って知っていた昔の日帝時代の話を、その時生きていた本人が目の前で直接話を聞かせるので、不思議な感じがするのだろう。遠くにしか感じられなかった歴史的真実が、じかに生徒たちの心に届く時間になるよう願いながら話をする｡日帝が犯した事実を証言し、今でも謝罪してない日本を告発する。それと、これに立ち向かい、今もあきらめずに闘っている最中という言葉も付け加える。そして、私をはじめ強制徴用被害者たちがもうとても高齢になり、いつまでこの闘いを続けられるか大きなことは言えない、という言葉を最後に話を終える。私は話を聞かせるたびに、今後この国の主人公になる生徒たちに再びこうしたことが繰り返されないよう、歴史を正しく知る機会になったら良いと思う。私が他の何よりもこのことにやりがいを感じる理由も、生徒たちに歴史を正しく知らせることができる機会だからだ。

昨年に続き今年の正月、文在寅(ムンジェイン)大統領から年賀祝いのプレゼントをもらった。町内で、大統領からお酒を贈呈された人は私しかいない。

もしあの時、日本に行かなかったら

私が人生で一番幸せだった時は、1944 年 5 月 30 日以前までだ。日本に強制的に連れていかれてから全てが狂ってしまった。日本で働いた時は飢えと差別がつらかったし、故郷に帰ってからは、人々から「慰安婦」と誤解されてつらかった。この誤解のせいで結婚生活も破綻した。人生で最も悲しかった時は、夫が私のことを誤解して 10 年も家を留守にしていた時だ。後には「自分が勘違いして、お前には悪いことをした」と認めたが、あまりに遅かった。10 年ぶりに帰ってきた夫が少しして亡くなってしまったのも、結局私が日本に行ってきたという事実から始まったことだ。

もしあの時日本に連れていかれず、そのまま学校を卒業して羅州にいたらどうだったろうかと、よく想像してみる。日本人校長も私の勉強ぶりを見て「どうしてこんなに賢いのか？」と驚くほど、私は勉強ができた。勉強だけでなく図画や習字、そして体育も上手にこなした。町内では、私が「女に生まれたのが惜しい」という評判が立つ程だった。「大いに出世できただろう」とまでは言わないが、社会に出て、自分の持分相当の仕事はしただろう。実際に当時、うちの父のことを羅州の村長が「お兄さん」と呼ぶほど親しく、ある日父に「錦徳が卒業したら、私の事務室で働いてくれ」と約束する程だった。

今でも私は、日本語もそうだし、漢字も忘れずによく書く。36、7 歳頃は町内で班長[16]を引き受け、役場の仕事を手伝ったりした。漢字をよく

---

[16]**班長**　該当地域で、行政施策の広報、住民の世論や要求事項の報告、住民の居住・移動の把握等を主な任務とする。

知っている上に、文字も上手だったからだ。役場で書類を作成すると、職員たちからは「どうやったらこんなに文字を上手に書けるのか」と誉めそやされた。5 年近く班長の仕事をした。同じ町内だけでなく、少し遠く離れた町からもまともに班長の仕事をできる人がいないからと頼まれて、私が代わりに班長の仕事をした。家ごとに訪ね歩いて町内会費や赤十字募金等を集めるのが主な仕事だった。今とは違い、手当のようなものは一つもなかった。班長の仕事を辞める頃、「月に 2 万ウォン程あげるから続けてくれ」と言われたが、私は「子どもたちを育てなければならないからこれ以上できない」と断った。

長い歳月を取り戻そうと 30 年近く努力したおかげで、最近はやっと世の人々が私のことを少しは理解してくれるようになった。

最近の私の一日は

幼い時から裕福でなかったせいか、今でも食べ物は好き嫌いなく何でもよく食べる方だ。朝起きると家でご飯を食べ、敬老会館に出て行って、人々と共に昼食を取る。特にする仕事がない時は、主に敬老会館で過ごしてから家に帰るのが私の日常だ。敬老会館が閉まると家に戻り、一人で夕食を食べる。食事の仕度が面倒な時は、市場でソバ 1 杯買って来る。本当に食欲がない時は水 1 杯、豆乳 1 つが食事代りになったりする。高血圧と目まい、腰と膝が悪くて薬を毎日食後に飲まなければならないので、少し無理してでも食事を取らなければならない。齢を取ると体の中で大丈夫なところがない。

教会に通い始めて 8 年位経つ。道端で「教会に通えば」と勧める人がいて、「私のような老人でも教会に通って構わないの？ 」と聞くと、「当然大丈夫」と連れていかれたのが始まりだった。教会に通ってみて、気が楽になったのが一番良い。日曜日になると当然教会に行くものと考えている。教会からは車で迎えに来てくれ、終われば家まで送ってくれるので負担が何もない。日曜日に教会に行けば礼拝をして、用意してくれたお昼を食べて家に戻る。毎週木曜日は老人学校があり、それは本当に面白い。歌も歌い、踊りも踊って楽しい話も聞かせてくれる。また、時々針治療もしてくれる。このように老人学校で何か教えてもらうと、私もすぐに真似してみる。教会では、94 歳になる方の次に私が年寄りだが、年を取っても何でもよくこなすので、牧師さんも私の顔を見ると喜んでくれる。どこででも私を誘ってくれると気分が良い。私がまだ何とかついて行く自信があるからだ。

明日を夢見て

少し前に和順の綾州（ヌンジュ）高校の生徒が 10 人程、手書きの手紙を持ってわが家を訪ねてきた。幼い生徒たちが歴史を知ろうとする心は、本当に綺麗に見えた。家を訪ねてくる人たちの中で、最も嬉しいのがまさに生徒たちだ。生徒たちが訪ねてくると、私の心がパッと晴れるようで気持ちがとても良い。私は生徒たちに「今後この国の主人公になる貴方たちが、必ず知っているべきことだから」と言って、私が体験したことを聞かせてあげる。また、「ぜひ一生懸命勉強して、わが国を他の国に絶対負けない国に造ってほしい」と頼む。それは、二度と私が体験したようなことが起きないようにするためだ。生徒たちと話を交わした日は、心がずっと温かい。

今、私のように活動できる人はあまりいない。郷里で親友だった李東連（イドンリョン）さんも 2020 年 5 月 6 日、亡くなってしまったし、全州（チョンジュ）にいる朴恵玉（パクヘオク）さんも体が不自由だ。事実、私も体が以前のようには動かない。数年前までは身軽だったのに、昨年からはだんだん体が重く感じるようになった。デモのためにソウルへ出かける時には、たいてい「市民の会」から 3、4 人が手伝いに来てくれるが、本当にとても助かる。

あちこち顔を出していれば疲れることも多いが、若い人々をはじめ多くの市民が共感してくれ、大いに気勢を得られる。ソウルに行けば、数百人の聴衆の前に立って演説したりする。91歳になる老婆の話に、皆熱心に耳を傾けてくれる。そして、私が今まで闘って来た話を聞き終えると、一様に「すごい」と褒めて「今後も元気に長生きしてほしい」と温かい言葉をかけてくれる。そんな言葉を聞くと、私は「もう心残りはない」と思ったりもする。一昨年の8月15日光復節(解放記念日)、ソウルに上京して日本大使館前までデモ行進した時、人々が私の代りにひとつになって叫んでくれた。

「梁錦徳ハルモニが来てくれた。 安倍は跪いて謝罪しろ。」

日本が謝罪して、ふたつの国が仲良く過ごせたら良い。外国といっても、飛行機に乗れば2時間足らずで往き来できるのが韓国と日本だ。距離は問題にならない。私は、今からでも日本が謝罪するなら、10回でも100回でも喜んで受け入れる気持がある。私はもう90歳過ぎの老人だが、偏狭な心を持って生きたくはない。日本が許しを乞うのなら、間違いなく私は心を開くだろう。ふたつの国の間で再びこんなことが起きないように互いの心を確認できるのなら、未来のためにどれだけよいことだろう。

私は当時、国の力が弱かったために日本に連れていかれ、強制労働させられてきただけだ。そして、そのために今も苦痛の中で暮らしている。一日も早く日本の謝罪と賠償がなされるよう願う。今日死ぬか明日死ぬかわからない、私の切なる最後の願いだ。

一日も早く日本の謝罪と賠償がなされるよう願う。私の切なる最後の願いだ。

梁錦徳　年譜

1929		全南羅州で 12 月 30 日に出生
1939	10 歳	羅州大正公立尋常小学校入学
1944	15 歳	5 月末　6 年在学中に日本の名古屋三菱工場へ強制動員 12 月発生した東南海地震で腰を負傷。同僚が 6 人死亡
1945	16 歳	8 月解放／10 月帰国
1949	20 歳	結婚
1950	21 歳	6・25 韓国戦争勃発
1961	32 歳	光州に転居
1965	36 歳	夫が死亡
1992	62 歳	8 月 14 日　東京地方裁判所で日本政府を被告にした光州千人訴訟に参加
1994	64 歳	3 月 14 日　関釜裁判 3 次訴訟に原告として合流（被告日本政府、山口地方裁判所下関支部）
1998	69 歳	4 月 27 日　関釜裁判 1 審敗訴 12 月 21 日 光州千人訴訟、東京地方裁判所で棄却
1999	70 歳	3 月 1 日 名古屋地方裁判所へ訴訟提起－被告は日本政府と三菱重工業 12 月 21 日　光州千人訴訟、東京高等裁判所で棄却
2000	71 歳	2 月 8 日　光州千人訴訟、最高裁判所で棄却
2001	72 歳	3 月 29 日　広島高等裁判所、関釜裁判を棄却
2003	74 歳	3 月 25 日　最高裁判所、関釜裁判の上告を棄却
2005	76 歳	2 月 24 日　名古屋地方裁判所、損害賠償訴訟で棄却判決
2007	78 歳	5 月 31 日　名古屋高等裁判所、控訴審で棄却判決
2008	79 歳	5 月 20 日　羅州初等学校名誉卒業 11 月 11 日　名古屋訴訟、最高裁判所が上告棄却決定。日本では最終的に敗訴が確定
2009	80 歳	10 月～2010 年 7 月　三菱自動車光州展示場撤収のため 1 人デモに参加

		厚生労働省が厚生年金脱退手当金「99 円」を支給、大きな波紋
2010	81 歳	2 月 24 日　厚生年金脱退手当金「99 円」に関し、三菱重工業・厚生労働省を抗議訪問
		7 月 14 日　三菱重工業、勤労挺身隊問題で協議すると発表
		11 月 8 日　三菱重工業と 1 次本交渉開始、原告代表として会社側に要望陳述
2012	83 歳	5 月 24 日　韓国大法院、強制動員被害者の個人請求権認定趣旨の判決
		7 月 6 日　勤労挺身隊市民の会と名古屋の支援する会、三菱重工業との 16 次交渉で最終決裂を宣言
		10 月 24 日　光州地方法院で三菱重工業を相手に損害賠償請求訴訟提起
2013	84 歳	11 月 1 日　光州地方法院で 1 審勝訴
2015	86 歳	6 月 24 日　光州高等法院で 2 審も勝訴
		10 月 9～11 日　名古屋での勝訴報告大会に出席、東南海地震犠牲者追悼碑訪問
2018	89 歳	2 月 梁錦徳さんをモデルにした漫画『二人の少女の春』製作
		11 月 29 日　三菱重工業を相手にした損害賠償請求訴訟、大法院で勝訴判決
2019	90 歳	3 月 23 日 三菱重工業の商標権及び特許権差押え
2020	91 歳	『記憶の本』出版

第３章　金性珠（キムソンジュ）さんのお話

「奪われた青春　奪われた人生」

はじめに

毎朝聖母マリア様に、わが家に来られたお客さん方、また私を温かく慰めてくれるすべての方々のために祈りを捧げる。「その方たちの家庭に和合と平安を溢れさせて下さい」と。雪の日も雨の日も私たち被害者のために努力して下さり、心を遣って下さる方々のためにまた祈る。

感謝する方々が本当に多い。光州の市民、弁護士の方々、みな本当にとてもありがたい。20 年余り一貫して私たちのために手をつないでくれた日本の市民運動家たちにも本当に感謝する。よく考えれば、人様のおかげで生きていられるようだ。その有り難さに自分から報いる方法がないので、聖母マリア様が施してくださるように気持ちを込めて祈る。

あまりにも苦労の多い歳月だった。私はすでに 90 歳を越えたので、生きている日がもういくらも残っていない。残り少ない時間だが、私を助けてくれた人たちに少しでも報いたい。早く問題が解決され、その日を享受したいというのが私の願いだ。

「漢方薬の家」の孫娘に生まれて

私は日帝強制占領期の 1929 年、全羅南道（チョルラナムド） 順天（スンチョン） 市 中央洞（チュンアンドン） で生まれた。わが家は瓦屋根で、今も良好な状態で残っている。私より 3 歳年上の父の後妻が 2019 年の春、93 の齢で亡くなるまでその家で暮らしていた。

わが家は大家族だった。ひいおばあさん、おじいさん、おばあさんなど、お年寄りたちがまだ生きておられた。そこに両親と私たち兄弟姉妹、他にもまだ嫁入り前のおば 2 人とおじも一つ屋根の下で住んでいた。小作人も 2 人いたので、それこそ大所帯だった。その他にも、母が息子を産まないからと父が妾を置き、その腹違いの兄弟までいて、家の中が複雑で暮しの規模が大きかった。

家も大きかったが、廊下が長くて部屋が多かった。玄関に入ると、小作人の部屋が2つ、台所、居間があって、もっと中に入ると娘部屋[17]があった。

おじいさんがひいおじいさんから漢方の薬屋を継いで運営し、わが家は隣人から「漢方薬の家」と呼ばれていた。わが家はひいおじいさんの頃から財産が増え、農業も大規模にして裕福だった。漢方薬の店を経営していたひいおじいさんが早くに亡くなり、ひいおばあさんは突然若後家になってしまったが、苦しい生活の中で強い生活力を発揮し、財をなしたのだ。農業も大きくしたが、さつまいもの栽培は、わが国の女性と結婚した中国人に任せていた。その夫婦はさつまいもを収穫すると、その内半分は自分たちが取り、残りは私たちにくれた。幼い頃、当時は高くて貴重なバナナも食べられたので、わが家は結構裕福だったようだ。

わが家の大人たちは裕福に暮らすだけに、隣人たちにも多くを施した。畑仕事をして残った収穫物は隣人に必ず分けてあげたし、貧しい人たちを助けた。部屋も多くて、家族全員で使っていても余った部屋が2つあった。そのうち一部屋は、町をさ迷って寝床のない人たちが使ったり、村の小作人たちがわが家に集まっては遊んで寝て行った。他の一部屋には米が積んであった。

小作人は2人いたが、1人は行く所がなくてわが家で寝起きした。彼らにご飯も提供し、季節ごとに服を作って着せ、家族のように接した。彼はわが家で食べて寝る代りに、賃金は貰わずに働いた。若くしてわが家に入ってきた彼は、私たちと共に成長した。他の1人の小作人には、賃金として年に米を9俵程あげた。

私が幼かった頃は、おじいさんが家の暮らしを支えた。おじいさんは志も高く、考え方も進歩的で「女の子も勉強しなければならない」と考

[17]**娘部屋**　成年女性が嫁入り前に使っていた部屋

えていた。長女の私に掛ける期待も大きく、5、6歳になると寺小屋に行かされた。まだ物心のついていない私は、寺小屋に通うのも勉強するのも嫌で、「行かない」と駄々をこねた。すると、孫娘にはいつも温和な微笑でやさしいおじいさんから鞭で叩かれた。

それで、私は5、6歳から寺小屋に通い、3年後には順天南公立尋常小学校(現、順天南初等学校)に入った。その後も私に対するおじいさんの勉強欲は続いた。当時、全羅道中で順天公立女学校(現順天女子高)が一番だった。おじいさんは私を何としてもそこに行かせようとしたので、私は小学校4年から入試の準備をさせられた。おじいさんの話では、「順天公立女学校は名門校だから競争が熾烈だ。日本人生徒が順位1番で入るだろうから、徹底的に準備しなければならない」ということだった。私の目にも、順天公立女学校のお姉さんたちが美しいセーラー服を着て学校に通う姿は素敵でうらやましかった。

私たちの両親

私の親は、父が16歳、母が17歳で結婚した。若くして嫁いだ母が姑の嫁いびりに苦しんだかはよく知らないが、大家族で苦労が多かった。当時、順天では「漢方薬の家の嫁」が善良で礼儀正しいと評判が高かったが、私の母がまさにその「漢方薬の家の嫁」だった。幼い私から見ても、母はほんとうにしとやかで品があった。母は身なりも常に端正だったが、顔を洗った後はクリームを顔に塗り、髪は椿油を塗ってスッキリ梳かし、真っ赤なリボンで縛り上げていた。

おじいさんはひとり息子だったし、おばあさんにとっても息子は父と下の叔父さんの2人しかいないので、わが家では孫をとても欲しがった。ましてやうちの父が長男なので、お年寄りたちは「早く孫息子の顔が見たい」と願った。ところが、母が娘を２人産んだだけで男の子がいないので、それが問題になった。父は結婚してさほど経過してないのに、妓生（芸妓）出身の妾を置いた。しかし妓生の後妻は、祖母の生前はわが家に足を踏み入れられなかった。やがて祖母が死んだ後、父との間に生まれた子たちがわが家へ暮しに来た。そしてその後、母の体が悪かった頃、父は再び宝城（全羅南道の郡）から新しい妻を娶った。

母の精神的な苦労は本人が亡くなるまで続いたが、それでも少しは恨が解けた。何年か後、私の下に弟を産んだからだ。その間、後妻のせいで肩身の狭い思いをしていた母は、その後は家の中での地位が少し上がった。そしてまた息子を産んだので、母はやっと胸を張ることができた。母が息子２人を産んだせいで、２人のおばあさんたちはとても喜んだ。

母は自信も少し生じたのか、「分家する」意向を表したりした。私に向かって母は「私が早く家を買って暮らしを別にしたら、お前たちを連れて暮すのに…。もしそうなったら、お前が弟たちの世話をしなければならない」と言った。意地悪な姑やお年寄りたち、そして他所の女まで家に入れた夫を見れば、母がわが家で気が休まるのは子どもたちしかなかったかもしれない。いつも明け方に井戸水を汲みながら、子どもたちが健康でいられるようにと祈っていた姿が、今も目に浮かぶ。

弟たちが生まれてから、私たち姉妹はすべてが後まわしにされる感じになった。弟たちが生まれた後、日帝への供出がひどくなったが、弟たちがおコメの飯を食べている時、妹と私は麦飯を食べさせられた。でも、それほどさびしかったり、気分を損ねることはなかった。当時は「息子ならああいう待遇を受けるのか」と、当然のように思っていた。

父は日本人から建築の依頼を受け、家を建てる一種の請負業者だった。父は母にとっては無情な夫であっても、子どもたちには気が利く父親だった。時々、日本や中国に出張に行くと、子どもたちが生まれて初めて見るような物を土産に買ってきたりした。ある時、私に運動靴を買ってくれたが、ひもで縛る物だった。当時は、少し裕福な家の子ですらせいぜいゴム靴を履いていた時代で、ひもで縛る運動靴は珍しかった。それで、その靴を履いて学校に行くと友だちからからかわれた。子どもたちは、私の運動靴を見て「あの子はなぜ男の子の靴を履いてくるのか？」と言う。それで私が「違う。うちの父が日本で買ってきた」と言い返した。でも他の子たちが「違う。男用の靴だ。女の子の靴はボタンをかける」と言い張った。

夏に、父が出張で買ってくれたゴムひもで吊ったシャツを着ていくと、子どもたちは見たことがない服を見て「男物の服を着てきた」と、またからかった。このような嘲笑には、羨望の気持もいくらか含まれていた。子どもたちのほとんどがわらじを履いていたり、靴もなく裸足のままだったりしたので、新しい靴や服を父親から買って貰える私のことが少し羨しかったのだ。

伯母、叔母たちも私たち兄弟姉妹を可愛がってくれた。正月になると、伯母たちが刺繍入りの財布にお年玉をくれたが、そのたびに大金持ちになったような気がした。私たちが実家に遊びにいくと、叔母たちが私たちをおぶってわざわざわが家の門まで送ってくれたりした。そんな裕福で穏やかだった時期が今も懐かしい。

父の強制連行と供出

わが家が裕福なだけに、日帝が奪っていく物も多かった。彼らはわが家の事情を調べ尽していたし、持っていく物がないかと常に虎視眈々狙っていた。ある夏の日、一家で普通に食事していると、日本の奴らが屋上から見下ろしていた。父は日頃から、日本の奴らがわが家を恰好の供出[18]対象に狙っていることをよく知っていた。どちらにせよ日本の奴ら

---

[18]**供出**　日帝強制占領期に、日帝が軍需物資と食糧を調達するために、物資を強制的に没収した収奪政策のこと

に奪われてしまうのだから、あえて頑張って憎まれる必要はないと考えた。

それで家の安全を図るほうがマシと思ってか、父は小作人に命じて家中の真鍮の食器をカゴいっぱいに載せた後、町の写真館の入口の陳列台に展示させた。陳列台の下には多分、日本の天皇に捧げる供出物と記されていたようだ。このことで、父は日帝から表彰された。

供出があると、わが家では一年間に収穫したおコメのうち最も良いコメは日本の奴らに奪われ、代わりに豆かすを貰った。これと一緒に粟と大豆、トウモロコシ米(不味い雑穀)を食べなければならなかった。また家の中にある鉄製品と貴重品を供出し、使っていた家財道具まで差し出し、不便な思いをしなければならなかった。

しかし、日本にこのように魂を詰めて捧げてみたところで、何の意味もなかった。日帝は 1942 年、父を徴用で連行してしまった。それでも足りないのか、後日私と妹の正珠まで日本に連行したのだから、どれだけ破廉恥であくどいのか。連行された父は、慶尚南道鎮海（キョンサンナム ド チン ヘ）付近の飛行場滑走路の工事現場で強制労役をさせられた。徴用に行った父からは何の便りもなかった。

その後も家の中は波風が絶えなかった。ある日、学校から帰って来るとおじいさんは眠っていたが、そのまま二度と眼を開けなかった。おじいさんはそうやって眠ったまま息を引き取ったのだ。常日頃悪いところもなく健康だったおじいさんが突然亡くなると、少し後に母も亡くなった。母は長く病に罹り既に衰弱していたが、父が徴用に取られて病気がさらに悪化したのだ。

私が 14 歳、小学校 6 年の時、おじいさんと母のふたりが続いて亡くなると、ひいおばあさんとおばあさんはしばらくの間、気が抜けてしまったようだった。ひいおばあさんは息子と孫の嫁を、おばあさんは夫と嫁を失ってしまい、大きく気落ちした。家中が突然傾いた感じだった。母が亡くなると、ひいおばあさんとおばあさんの2人が家事を受け持った。母が生きていた頃はわが家への出入りなど夢にも思いつかなかった後妻がわが家に入ってきたが、家事を手伝ったりはしなかった。

学校へ行かせてくれ、就職もできると騙されて

私が通っていた順天南公立国民学校は、今も順天で歴史を引き継ぐ伝統的な学校だ。とても昔のことなので詳細には思い出さないが、授業時間の内、歴史の時間だけは熱中したことを憶えている。寺小屋に3年通ったので、小学校に通っても漢字は得意だった。先生が黒板に漢字を書いて、子どもたちに「どう読むのか」聞くと、答えるのは主に私だった。そのうち小学校5年の時、日本人教師大垣先生に出会った。大垣先生は未婚の女性で、生徒の間で「怖い先生」として有名だった。当時、日帝は「皇民化教育」[19]を繰り広げていた。学校では日本語だけを使わなければならないし、父が徴用に連れて行かれ、おじいさんと母が亡くなった状況だが、小学校は何とか卒業することができた。卒業後は家で妹の世話をしたり、お手伝いをして過ごした。私の下には2歳差の妹正珠の他に弟も2人いた。2人の弟は、おばあさんが抱えながら暮すほどに可愛がったが、おばあさんが忙しい時は、私が世話しなければならなかった。

1944年のある日、正珠が学校から帰って来ると、「大垣先生が捜しているから、学校に行ってみて」と言う。それで学校に行くと、大垣先生が「日本に行って勉強もして、働いたらどうか？」と聞く。「日本に行けば女学校、高校へも行かせてくれて、良い会社に就職もさせてくれる」と言うので、心が引かれた。幼い時からしていた勉強が一時できなくて

---

[19]**皇民化教育**　日本が植民地住民に、日本の天皇に忠誠を尽すことを強要した教育政策。朝鮮語を使うと、罰としてトイレ掃除をさせられた。

気持が落ち着かなかったし、未来が不透明に感じられていた。日本に行けば上級学校に進学できる、という言葉に胸が騒いだ。私には社会生活をする叔母の姿が素敵な女性の姿として刻印されていて、職場生活に対する憧れが大きかった。日本で勉強もでき、職場に通えたら、自分の願いが叶うと思われた。

大垣先生は「日本へ行くには書類を作成しなければならないから、お父さんの印鑑が必要だ」と言った。印鑑がどれほど大きな力と権限を持っているのか、幼い私はまったく知らなかった。それでも父の印鑑だから、おばあさんに話して持って行こうとしたが、途中で考えを変えた。そうでなくても徴用に行った父のことを毎日心配しているおばあさんは、私の日本行きを喜んでくれないかも知れない気がした。おばあさんに初めから余計な心配をさせず、後（のち）に出発する頃話すことにした。結局、大人たちには内緒で父の印鑑を大垣先生に渡した。

そして出発する数日前、おばあさんに「日本に行くことになった」と言った。おばあさんはびっくりしたあまり失神してしまった。「お前のお父さんを徴用に取られただけでも足りず、お前まで送ることはできない」とおばあさんが泣くので、出発を控えてときめいていた心が混乱した。こんなに反対するおばあさんを裏切って日本に行くのは正しくないことのように思えて、日本へ行く決心を後悔し始めた。それで大垣先生を訪ねて、「日本に行かない」と話した。すると、「既に契約書に印鑑を押したから駄目だ」と言う。

結局、私は日本に行くしかなかった。後になって悟ったが、大垣先生は、世の中をよく知らない幼い私を騙したのだ。大垣先生はわが家の近くに住んでいて、わが家の状況を誰よりもよく知っていた。大人の男がいないわが家の状況を軽んじたのか、実績を積んで自身の利得を得ようとしたのか、教師なら当然あんな遠い地に幼い子どもたちが行くと聞けば、止めるのが正しい道ではないか。ところが、大垣先生は逆に純真な子どもたちをそそのかして、死地に追い込んだ。

三菱工場でのきつい労働と弟の死

1944年5月末、麗水（ヨス）港で日本に行く船に乗った。いざ日本に発つ船に乗ると、家族と離れて別に暮すことが寂しくなって怖かった。大垣先生が「日本に行っても、家族に会いたければいつでも帰ってこられる」と言ったのが一筋の希望だった。

出発する時は日本のどこに行くのか知らなかったが、到着すると下関と聞かされた。下関から名古屋まで汽車に半日以上乗り、寄宿舎に到着した。そこで一月余り、軍隊でするような訓練を受け、鉄板のサビを磨く仕事と釘を打つ基礎作業を習った。その後、三菱重工業の名古屋航空機製作所道徳工場に派遣された。私は日本人の男の人と2人1組で、見本に合わせて戦闘機の外装材であるジュラルミンの板を切断する作業をした。正確に切らなければならないので、作業自体に神経を尖らせなければならない仕事だ。また相当慣れないと鳥肌が立つ程危険な仕事だった。鋭い刃の付いた大

1944年、名古屋城前で順天小隊。
前列右から三人目が金性珠さん

きなピアノのような機械にジュラルミンの板を当てて切ると、「ドシン」と厚い板が離れていくが、その音にびっくり驚かされたりした。

朝の８時から夕方６時まで、昼食の時間を除いて９時間、ずっと働き続けた。トイレに行こうとしても、作業班長から何だかんだと言われて堪えなければならず、隣の人や同僚と話す暇もなかった。それこそ監獄生活であり奴隷生活だった。

そんなふうに一日一日を堪え、働いていると、数ヶ月も経たない頃、とても悲しい知らせが届けられた。弟が死んだというのだ。弟は12月生まれなので、数えでまだ６歳(満なら４歳)にしかならない。弟の早い死があまりにも悲しくて涙が止まらなかった。電報には弟の死亡の便りに続いて、「泣くな。泣くな」と日本語が書かれていた。これは私が弟をどれくらい可愛がっていたのか、叔父もよく知っていたからだろう。叔父は私を慰めようとしてそう書いたのだろうが、そんな言葉が私にとって何の慰めになろうか。

弟は生まれるや否や、全家族の愛を一人占めした。孫息子が欲しくて欲しくてたまらない家で母が息子を産むと、ひいおばあさんはもちろん、おじいさん、おばあさん、家中の皆がおめでたと大喜びした。どれほど貴重だったのか、名前を「人貴」とつけた。弟は顔も可愛らしく、日頃の動作も頼もしく、私たち姉妹もどれくらい可愛がったかわからない。なのに、あれ程可愛がった幼い弟が死んだというので、青天の霹靂と言うしかなかった。

母は弟の下に男の子をもう１人産んで、少し後に亡くなった。それで、２人の弟はおばあさんが育てた。おばあさんはよく弟を抱いて寝ていて、弟はおばあさんによく懐いていた。

ひいおばあさんが赤ん坊だった末っ子の面倒を主に見ていたので、皆が「弟のおばあさん」と呼び、弟はおばあさんのことを愛着深く「私の

寄宿舎食堂の様子

寄宿舎の玄関前で舎監の演説を聞く。

通信欄

小社の本を直接お申込いただく場合、このハガキを購入申込書としてお使いください。代金は書籍到着後同封の郵便振替用紙にてお支払いください。送料は200円です。

小社の本の詳しい内容は、ホームページに紹介しております。是非ご覧下さい。　http://www.nashinoki-sha.com/

【購入申込書】（FAXでも申し込めます）　FAX　03-6256-9518

書　　　名	定　価	部数

お名前

ご住所　（〒　　　　　）

電話　（　　）

郵便はがき

恐れいりますが
切手を貼って
お出しください

1 0 1-0 0 6 1

千代田区神田三崎町 2-2-12
エコービル 1 階

梨 の 木 舎 行

★2016年9月20日より**CAFE**を併設、
新規に開店しました。どうぞお立ちよりください。

お買い上げいただき誠にありがとうございます。裏面にこの本をお読みいただいたご感想などお聞かせいただければ、幸いです。

お買い上げいただいた書籍

梨の木舎

東京都千代田区神田三崎町 2－2－12　エコービル 1 階

TEL　03-6256-9517　FAX　03-6256-9518
E メール　info@nashinoki-sha.com

(2024.3.1)

おばあさん」と呼んだ。父は徴用でいなくなり、母も亡くなってしまい、おばあさんたち2人で家事をして野良仕事までこなした。おばあさんが忙しくて面倒を見られず、子ども同士で過ごす時間も多かった。子どもたちだけでご飯を食べていると、「おばあさんたちがご飯を食べられないでいるのに、どうして僕一人だけ食べられるの？」と、幼な子が昼飯をしばしば抜いたという。そのせいか弟は体が弱まり、突然死んでしまったのだ。母なしにおばあさんの手で育てられた弟のことを想うと、悲嘆に暮れるしかなかった。

私が家にさえいたらその子の面倒を見ていたはずで、こんな悲しいむごいことは起きなかっただろうと考えると、日本に来たことが余りに悔やまれた。その一方、電報に書かれている話が信じられなかった。私の前でにこにこ笑っていた姿が生き生きとしているのに、その子がこの世から去ったとは。本当に死んだのか、自分の目で確かめるまでは信じられなかった。

私は電報を持って舎監先生の所に走って行き、「家に帰りたい」「帰してほしい」と頼んだが、駄目だった。

私は「いつでも帰れると約束しておいて、なぜ帰れないのか？」と泣き叫んで抗議した。私が騒ぐと、舎監先生は私をなだめようと背中を何度も撫でながら「2年契約をしたから、数ヶ月我慢すれば朝鮮に帰れる」と言うのだった。私は弟に会えない悲しみと口惜しさから、その後も舎監先生に「家に帰してくれ」と言い続けた。でも、その度に舎監先生は「まだ契約が満了してないから帰れない」と繰り返すだけだった。

指の切断と地震が残した後遺症

泣きっ面にハチというか、そんな状況で作業中に事故にまで遭った。ジュラルミンの板を切っていて、左手の人さし指が切断機に引き込まれたのだ。ほんの一瞬の出来事だった。指が切り落とされた後になって、やっと指の関節を失ったことを知った。切れた指の関節からボタボタ血が落ちるのを見てとても驚いて怖かった。恐怖と激痛にぶるぶる震えて泣いていると、日本人の男たちは切れた私の指の関節を拾って、オハジキで遊ぶかのように空中に投げて受け取る動作を繰り返した。驚いて気絶しそうだった。これが人のすることかと思い、憤激した。

工場内でだいたいの治療を終えて病院に入院したものの、日本はその頃医術が発達していなかったのか、縫合手術やまともな処置を受けられなかった。アカチン[20]だけ塗って、切られた部位に包帯を巻く程度だった。朝鮮人だからか、細かく診察したり治療してくれはしなかった。また傷痕がすっかり治っていないのに、傷ついた場所を巻いた包帯を看護師が乱暴に取り剥がした。癒えていない傷口から血がポタポタと落ちた。指が切られた時も痛かったが、その時もカサブタを剥ぎ取られる苦痛を味あわされた。そして病院にも行かなくなった。あの時きちんと治療を受けられなかったせいで、解放後家へ帰った後もしばらく傷口が痛んだ。骨が少し残っていた部分に肉がつき、治りはしたが、今も寒い日や体の具合が悪い時はその部分がズキズキと痛む。

日本にいた間に、1944 年の東南海地震も体験した。日本は元々地震が多くて、工場にも地震に備えた「行動指針」があった。地震が起きたら、最初に感じた人が「地震！」と知らせて、それを聞くと、働いている人もすぐ運動場に飛び出る。その日も誰かが「地震だ！」と叫び、全員部屋から飛び出そうとしたが、突然建物の壁がまるごと倒れ、天井が崩れ落ちた。この地震で全羅南道から一緒に来た友だちが 6 人死んだ。腰が折れて死んだ子もいたし、崩れた建物の瓦礫の山の下敷きになって死ん

---

[20]**アカチン**　消毒液の一種であるヨードチンキから「ヨード」を取って、赤い色の「アカ」をつけた日本語。当時、赤い液体でできた薬を普通こう呼んだ。

だ子もいた。ある子は建物の崩れ落ちた残骸が胸の上に落ちて、そのせいで窒息してしまった。その子は必死になって抜け出そうともがいたが、石が足の甲にぶつかり床が血で赤く染まった。その様子は本当におぞましくて凄惨だった。息が途絶えるまで苦しんだその子の痛みを考えると、今も胸が詰まる。

解放と帰郷、そして正珠との再会

日帝が敗北し、あれほど懐かしんだ故郷へ帰れることになった。10月の下旬、日本で乗った船から降りて汽車に乗ると、久しぶりに家族に会える喜びで胸が騒いだ。その日にあった出来事のうち幾つかは記憶が鮮明だ。順天駅で汽車から降り、家に向かった。

その日、下の叔父さんが旗を掲げて出てきて、「女子挺身隊はこちらに集まりなさい」と叫ぶので、何人かの子たちと集まった。町中の近所に住む子は各自家へ帰り、田舎に住む子たちはわが家に連れてきた。ちょうどお昼の時間で、わが家の板張りの部屋でみんなで一緒に食事を取った。

解放後故郷に帰り、強制動員に行った友らと共に。左から２番目金性珠さん。

部屋の床は、食卓を3、4個置ける程広かった。みんながぞろぞろと来て、座って一緒にご飯を食べるのだが、心はとてもほのぼのとしてゆとりがあった。家ではご飯を大きなおひつごと出してくれ、漬けたばかりの大根キムチも大きい皿に山盛りだった。日本で飢えていた私たちは、長い間見ることのなかったキムチを前にして、どれ程美味しく食べたかわからない。その子たちと私はこの日以降もしばしば集まったが、何人かは自分の家に招待してくれ、その家でご馳走になったりした。

指の関節ひとつ失ったが、それでも故郷に帰って来たのが嬉しくて、幸せになれると思っていたが…。18、19 歳、人生で最もきれいで美しい齢なのに、左手だけは人前に出せなかった。敢えて考えないようにはしたが、つぶれた指を見る度に、謝罪の一言もなくその間賃金すら一銭ももらえず帰ってきたことが恨めしかった。「故郷に帰ったら賃金を送ってやる」という言葉もすべてが嘘だった。

徴用に行った父も戻り、妹の正珠も日本から帰ってきたので、心が少し落ち着きつつあった。実際日本にいた時、妹の正珠も日本に来たと知って胸がつぶれそうだった。こんな地獄のような所に妹も来たというのだから！ 私がいる名古屋に妹を連れてきて一緒に暮らせたら、大きな慰

帰国直後の金性珠さん一家。中間の列、右端が性珠さん

めになっただろう。そんな妹に、故郷の家で再び会った。あそこでの生活がどんなだったか余りによく分かるので、帰ってきた妹と抱き合ってどれくらい泣いたか分からない。

19歳で結婚

19歳になると、周囲から結婚の話がぽつぽつ出始めた。家のお年寄りたちが、良い嫁入り先がないか探し、叔母さんたちの紹介で夫に会うことになった。当時、夫は自動車整備工場を経営していた。夫が車の下でエンジンの手入れをし、重いタイヤを肩に載せ簡単に取り替える姿を見て、叔母さんは私に夫と見合いをさせた。そんなに力持ちで技術のある男なら、嫁1人食べさせる位心配なく任せられると思ったようだ。

そうして私は1947年、19歳の時、私より5歳年上の夫と結婚した。夫の家はタイヤ工場を大きく経営する金持ちで、わが家も歓迎した。わが家も名声があり、結構高く評価されていたので、結婚までの過程は順調だった。夫と結婚後、嫁入り先で新たな暮しを別に用意するまで私の実家で起居した。何年か後、嫁入り先で光州(南区)の月山洞(ウォルサンドン)に家を用意してくれた。

結婚してしばらく経ったある日、家に友だちを呼んで話をしていると、ある人が「あなたの家では、なぜあなたをあんな男と結婚させたの？」と尋ねる。それで私が「夫に何か問題でもあるの」と聞くと、その人が言うには、夫が「順天では噂のチンピラ」というのだった。「なぜ知っているの」と聞くと、私をうっとうしそうに眺めて「あの人のことを知らない人などどこにいる？」と言う。その時初めて夫の評判が良くないことを知った。

こんなこともあった。私と同い年の従兄(叔母さんの息子)が、当時順天高に通っていた。ある日、夫と道を歩いていると、従兄がある人と争っているのを見た。その男が従兄に手をかけようとすると、夫は堪らずに男の喉首をつかんだ。そして何度も殴りつけ、跪かせた。夫は「自分の妻の従兄になぜ手を出す? 従兄に謝れ」と命じた。私はその日、夫が体は小さいのに喧嘩に強いのを見て驚いた。こんな夫の行動を目の前にすると、夫との結婚生活が心配になった。

夫の誤解、不幸な結婚生活

ある日から、夫との仲がだんだんひび割れ始めた。夫は、私が日本に行って来た事実を知って追及した。私に「何人、男を相手にした? 」「なぜそのことをごまかして俺と結婚した? 」と問い詰めた。私は「勤労挺身隊だっただけで、『慰安婦』ではなかった」と反論した。すると、「女のくせに、何が勤労挺身隊か? ウソをつくな」と言うのだ。そして後で知ったことだが、夫も徴兵で連れて行かれ、逃亡して潜伏生活をしたことがあったそうだ。言葉も出なかった。同じ痛みを持つ人が、なぜそんなに私を困らせるのかと思った。

夫の誤解は、私の不幸な結婚生活だけで終わらなかった。妹正珠の人生を根こそぎ揺がす程、大きな影響を与えた。私の過ちでもなく、妹の過ちでもないことのために、私たちは世の中からあらゆる迫害といじめにあったのだ。夫は、私を誤解したように勤労挺身隊に行った正珠までも、「『慰安婦』に行ってきた」と妹の夫に話した。それで妹も夫からいじめられ、結局別れてしまった。

夫は毎日のように私をふしだらな女と扱い、ことごとく因縁をふっかけ、結婚生活はまるで地獄のようだった。夫にこうやっていじめられると、私が潔白なことを知っている人と縁を結べたら良かったのにと後悔した。

日本にいた時、寄宿舎の事務所で働く韓国人男性と、解放後に知った小学校の教師のことが想い浮かんだ。事務所の男性は解放後、私宛に手紙を１通くれたが、その手紙は貰うとすぐに焼いてしまった。日本にいた時、私が男と付き合っていたと父から誤解されそうだったからだ。16歳では物心もつかず、男女間の愛情などまだわからない時だった。夫の誤解で本当に苦しめられた。私は日本人教師に騙されて勤労挺身隊に連行された被害者で、他人に害を及ぼした加害者ではないのである。家のことしか知らない15、6歳の子が「日本に行ったらだめだ」と、どうやったら知ることができるのか。指の関節を失うとか、残酷な死を目撃することなど誰が想像しただろう。私の純真さと判断の過ちは、同じ年頃の子なら誰もが犯す失敗で、これを悪用した日本人教師の過ちであって、私の過ちではない。そんなことを考えると、余りに心が傷つき悔しかった。

夫は２度も軍隊生活をした。日帝の強制占領期に徴兵され逃亡し、29歳の時は朝鮮戦争が勃発して、再び軍隊に入った。私を困らせて傷つけるだけの夫だが、戦争で戦地に出て行くと不安になった。それでも子どもたちにとっては父親ではないか。子どもたちを父無し子にすることになるかと思うと怖くなった。

私がこのように夫の安否を心配している頃、夫は軍隊で電気モーターと機械の修理が上手で、待遇も良かったという。夫は除隊した後、その技術で金を儲けたが、儲けたお金はすべて自分のためだけに使った。

父と祖母を失った喪失感

父は解放後に再婚した。妓生出身の後妻もいたが、若い娘を妻に迎えた。家に跡継ぎが欲しかったからだ。父は若い後妻と娘を４人、息子を１人儲けたが、皆嫁に行き上手く収まった。大家族を率いていた父は、事業を多く引き受けた。農業の他に村の仕事も引き受け、大韓青年団[21]の総務もした。村人たちは、父が祖父に代わり町の指導者になると思っていた。しかし、父は良い歳月をいくらも享受できなかった。1948年10月、麗水・順天事件[22]が起きたからだ。このせいで町中に大嵐がまき起こり、時には血の風すら吹いた。わが家も無事ではなかった。私はその時、ちょうど結婚し夫の家で過ごしていて、事件を目撃できなかった。

父は右翼である大韓青年団に加担した上に村の名士で、反乱軍[23]から見ると粛清対象だった。父を捕まえに来た反乱軍が、家の中をいくらかき回しても父が見つからないので、家族に「父をどこに隠したのか言え」と脅した。祖母は家の主が罪人扱いされるのに堪えられず、「自分の息子が何の罪を犯したのか？」と問い詰めた。すると反乱軍は、銃口で祖母の胸を何度も押した。その後、祖母は床に横になり、いくらも経ず亡くなってしまった。

私は、具合の悪い祖母の面倒を見ようと何度も実家を往き来した。この時は夫の家で舅、姑と共に暮らしていたので、色々と気を使い実家へ行く度に許しを請わねばならなかった。それでも実家と夫の家が近かったので、許しを請うのは難しくなかった。父もこの頃たいへん苦労して、腎臓をひどく病んだ。父は養生する間もなく、虚しく亡くなった。後妻と新たな家族だけ増やしたと父を恨んだりしたが、いざ亡くなってみると、父の存在がどれくらい大きかったかわかるようになった。

祖母が亡くなったことも大きかった。私を特に可愛がってくれ、私が

---

[21]**大韓青年団**　大韓民国建国直後の1948年に結成された、右翼性向の青年団体

[22]**麗水・順天事件** 1948年10月全羅南道麗水に駐留していた国軍14連隊所属の軍人が、済州4・3事件に対する鎮圧出動命令を拒否して起こした事件

[23]**反乱軍**　麗水事件は、初めから反乱を目的としたのではなかった。ただ俗に、麗水事件に加担した軍人や、これに呼応した人民たちを反乱軍と表現しているので、そのまま載せる。

日本に行っている間、毎日泣いて私のために祈ってくれた祖母だった。祖母のお祈りのおかげで命だけは救われて帰ってこられたのかもしれない。私を嫁がせる時は、母がいないことをさらけ出さないようにと人が羨むほどの婚礼用品を準備して下さった。それなのに、その恩を返す前に亡くなってしまった。

家の年寄りたちがこのように次々と亡くなり、喪失感が大きかった。もう私が頼れるのは、年老いたひいおばあさんだけだった。しかし、ひいおばあさんも嫁と孫を先にあの世に送ったばかりで一人取り残され、深い悲しみに沈んでいた。年老いたひいおばあさんの面倒を私が見てあげなければならないのに、私の暮しも楽ではなかった。言い訳かもしれないが、家を顧みない夫のせいで子どもの面倒をみるだけでも大変だった。

誤解も解けず　逝った夫

夫は、幼な子３人を残して亡くなった。夫は結婚後も持って生まれた風流な気質を捨てられなかった。そこへ私を「『慰安婦』として日本に行ってきた」と誤解し、私をいない者として扱い、それを言い訳に家庭も軽視した。家族のことを考えず、自分で稼いだ金は全部好き勝手に使った。結局、酒をたくさん飲み、放蕩な生活で体を壊した。特に肺がとても傷ついた。

そして夫が死んだ時、棺桶を覆う弔旗[24]の文字を私が書いた。今は中風のせいで筆を手に取ることもできないが、寺小屋に通った時に学んだ習字で夫の最期を見送ったことになる。夫とは良い縁ではなかったが、夫婦として出会い、短くても共に暮らしたので丁重に見送りたかった。

---

[24]**弔旗**　死んだ人の官職や姓氏などを記した旗のこと。一定の大きさの長い布に白い文字で書き、葬儀を行う時柩の前で掲げ、後に棺の上に広げて埋める。

夫が私のことを誤解していなかったら、夫の死がそれ程つらくなかったかも知れない。どれだけつらければつらかったと言えるのかわからないが、誰か私の胸をシャベルでかき出しているかのように、本当につらかった。夫の誤解を解けないまま夫を見送ったことが、あまりに恨めしかったからだ。そのように夫に嫌われている間中、私の苦痛と悲しみは言葉で言い表せないほど大きかった。でも、私を嫌っていた夫も夫なりに苦痛だったことだろう。

夫が亡くなった時、私には何一つ財産がなかった。それどころか、葬儀を行う費用すらなかった。私の苦しい事情を聞いた叔父さんが、代りに夫の葬儀を執り行ってくれた。米と麦を何升か出してくれ、濁酒も提供してくれた。叔父さんと、私より 3 歳上の叔母さんが気を使ってくれ、夫の葬儀を無事執り行えた。

葬儀をしながら色々な想いが巡った。私は叔母さんに愚痴をこぼすように、日本にいた時事務所で会った男性が解放後手紙をくれたことと、故郷の村の小学校教師と知り合い付き合ったことなどを打ち明けた。私の話を聞いた叔母さんは、「その話を先にしてくれていたら、その中のひとりと縁が結ばれてこんな苦労はしなかったのに…」と惜しんでくれた。叔母さんが私の話を傾聴してくれたので、その間溜まっていた心の傷が少しは癒された。夫の葬儀を助けてくれたのも、こうして私の話を聞いてくれたのも、本当に有り難かった。後にお金を少し儲けた時に、100 万ウォン(約 10 万円)差し出して、「叔父さんや叔母さんが何をお好きかわからないのでお金を持ってきました。叔父さんが召し上がりたい物を買ってあげてください」と言った。喜んでくれた叔母さんの姿を見て、少しは恩恵に報えたようで私も嬉しかった。

従姉からもとてもお世話になった。従姉は私がソウルに引っ越した時、秋の収穫後のおコメを必ず 1 斗送ってくれた。生活が苦しい私と子どもたちのために気を遣って助けてくれたのに感謝して 50 万ウォン差し上げたが、その後しばらくして亡くなってしまった。亡くなられた時に訪ねたかったが、状況が許さずに行けなかった。それでも、「安らかにお休みください」という最期の挨拶をするべきだったのに、それすらできなかったことが今も悔やまれる。

工事現場の下働きで生活する

夫が死に、子どもたちとの暮しはとても大変だった。学歴がある訳でもなく持っている技術もないので、すぐにできる仕事といえば、日雇いかふろ敷き商売ぐらいしかなかった。商いして通い、人づてに工事現場を紹介され、建築現場で働くことができた。工事現場で女でもできる仕事は、主に木に刺さった釘を抜くなど細かい仕事だった。私は誰かが見ていなくても、休まず釘抜き作業をした。他人からお金をもらってする仕事なので、雑にしてはならないと思った。

そんなある日、工事総責任者と見られる人が、私とある人を指名して「あなたたち２人だけ残り、残りの人は明日から来ないで下さい」と言った。見えない所でも熱心に働く姿を責任者が見ていたようだ。

それで、その後も仕事を続けられた。砂やレンガを運ぶ仕事もした。女がするには多少手こずったし、指と脚が丈夫でない私にとってはよりつらかった。しかし、熱心に働いてこそ子どもたちと共に暮していけると思い、誠実に働いた。おかげで、光州公園の顕忠塔建設工事にも参加することができた。

そうやって働き、お金が入ってくると、感謝の気持に溢れた。しばらくは子どもたちも飢えないだろうと思った。その時は教会にも通わず、神についてもまったく知らなかったが、偶然眺めていた教会の十字架に自然と祈ることになった。「神様、ありがとうございます。今日の稼ぎを貰えば、米１升、麦１升買えます。本当にありがとうございます」

全羅南道道庁の増築工事現場にもついて行くことになった。そこで一生懸命働いていると、道庁の課長が出てきて「おばさん、ここの仕事が終って他に仕事がなかったら、道庁に来て仕事してくれませんか」と言ってくれた。そのように、私は他人に認められるほど熱心に働いたし、仕事の手並みも手抜かりがないと噂になった。

貧しい中で子どもたちの面倒を見ながら誠実に暮らしていると、人々も私をたくさん助けてくれた。ある日、光州市内にある現代劇場の近くで働いていると、あるおばあさんがモチやおこげや酒粕をくれた。これを頭に載せて家へ帰ると、上の叔父さんに偶然会った。叔父さんが「その荷物はどうしたのか」と聞くので、「あるおばあさんが子どもたちにと、こうやって包んでくれた」と言うと、叔父さんは人に指図して私の荷物を自転車に載せてくれた。 その頃、叔父さんは光州文化放送の社長で、私をたくさん助けて下さった。

警察に風呂敷もろとも奪われ、友人の手伝いをする

工事現場の仕事がない時は、現代劇場の近くでガムを売る仕事をした。商売を始めたばかりでまだ慣れず、他の商売人が「外国製のガムを売るとお金になる」というので、いくつか隠れて売った。当時は外国製品の取締まりが厳しかった。外国製品を売って引っかかると、風呂敷ごと奪われ、行商人にとって警察は恐怖の対象だった。

しかし、この国の法がいくら怖くても、子どもたちを食べさせて生きていくために、何にでも手を出すしかなかった。

私も警察の取締まりに引っかかり風呂敷ごと奪われたり、売上金を没収されたこともある。道端で外国製ガムを売っていると、警官が近づいて来て「おばさん、ひとつ見せなさい」と言う。警官は、私が外国製ガムを売っているのを知っている様子だった。

私からタダで巻き上げようというのだ。あげないと「外国製ガムを売

っている尻尾を掴んだ」と罪を着せられそうで、はじめはガムを 2、3 個与えた。しばらくそんな目に遭っても黙っていたが、ある日、堪忍袋の緒が切れてわれ知らず警官を怒鳴りつけた。「あなた、ガム 1 個の値段がどれぐらいだと思って、それを奪うのか」と言うと、警官は「このおばさん、口数が多いね。もしかしてあなた反乱軍じゃないの」と言う。それで私も「私の叔母の夫も警察官で甥も軍人なのに、なぜ私が反乱軍ですか？ 」と答えた。

この様子を見ていた近くの看板屋[25]が、「何ごとか」と聞く。それで前後の事情を説明したが、警察が介入していては看板屋としてはどうしようもなかった。誰も私の味方にならないと、警官はより強気に出た。どうしても「反乱軍のようだ」と、私の売店を捜査すると脅した。結局、その日は警官に風呂敷を奪われ、中から米国製のガムが見つかって警察署に拘束された。その時は長男がまだ乳離れしていない時で、妹が赤ちゃんを抱いて警察署まで来たりした。警察署の窓格子の中で、その幼い子に乳を噛まれていたら、涙が止め処なく流れた。

その時、友だちの金恵玉が、警察署の留置場に閉じ込められている私に面会に来て、「和順へ一緒に行こう」と誘った。和順は炭鉱の村で、「鉱夫たちにご飯を出し、酒も売って金儲けしよう」というのだ。それで警察署から出るや否や、店と家を手に入れるためにお金を少し出した。しかし、商売は軌道に乗らなかった。和順での商売も上手く行かず、お金を集める方法もなくなると、恵玉は私だけ残して和順から去ってしまった。

それで、私はしばらく一人で何の縁故もない和順に取り残された。炭鉱村には流れ者が多く、大抵行動が不良だった。店でご飯や酒を買って

---

[25]**看板屋**　劇場でポスターを描いたり、看板を描いて売る人

も、ツケで後払いが常だった。そして今日、明日と延ばして返さず、結局お金を踏み倒した。あるお金、ないお金、みなかき集めて商売を始めたのに、和順ではお金を一銭も稼げなかった。逆に借金まで作ってそこから出てきたが、子どもたちと暮すにはご飯を食べる心配が先だった。

やむなく、恥も省みずに夫の実家を訪ねた。夫の兄、小舅は金持ちだった。夫の兄だから私たち家族を助けてくれると言ったのに、10 ウォン (1 円)硬貨一枚くれなかった。それでも下の小舅が私たちのために部屋を探し、米と麦を 1 升送ってくれ、一息つくことができた。そのうち下の小舅もある日、「私の状況も苦しくて子どもも多いから、これ以上助けられない」と言う。事実、下の小舅には子どもが 9 人いて裕福ではなかった。家長として肩が重かったのに、弟の家族だからと私たちを助けてくれたのでとても有り難かった。人情深い下の小舅の子たちは今も元気に暮らしている。「因果応報」という言葉は間違っていないようだ。

長男に感謝

私の子たちは暮らしがとても貧しく、苦労が多かった。息子 2 人、娘 2 人の 4 人兄妹だが、息子 2 人を育てる時は本当に哀れな中で育てた。古物商で買った服や、露店で売っている服を着せた。成長期の最中なのに、肉など一度も買って食べさせられなかった。子どもたちにまともな服も着せられず、腹いっぱい食べさせられなかったことが、今も申し訳なくて恨になっている。

私が働きに出ている間、長男が私に代って母親の役目を果たしてくれた。長男は妹を育てるために高校へも通えなかった。当時、高校を出ていないと軍隊にも入れなかったが、それでも何とか軍隊には行ってきた。長男が妹をおぶっていて、いつも赤ん坊のおしっこで濡れていたが、今

金性珠・正珠さん姉妹。右は性珠さんの長女

は年を取って背と腰が曲ってしまった。この苦労を知っている妹たちは、自分の兄に対して、親孝行をするかのように大事にしている。

長男は元々光州に住んでいたが、今は私と共に暮している。体を支えられない老いた母の食事を用意するために来ているのだ。看病人のおばさんは3時間しか来られないので、身動きできない私の傍には息子が必ずいなければならない。長男は私にお湯も沸かしてくれ、ジュースも注いでくれ、健康を心配してくれる。

長男のことを考えると心が痛む。一生懸命暮らしてきたのに、なぜいつも暮しが苦しいのか腹が立つ。幼い時は妹を育てるために苦しんだが、今は私の面倒をみようと苦労している。一時、長男は養殖場を経営していた。しかし、政府がその場所に順天湾を造成して長男は事業場を失い、食べて生きるために近隣の養殖場で働き、事故で片目の視力を失ってしまった。

私の子たちは貧しい環境の中でいろいろと不足だったが、健康に育ち、今は皆己の役割を果たして暮している。そんな子たちが本当に有り難い。子どもたちは皆、性格が誠実で人並みには暮しているようだ。

生活力も強く、暮しも上手い長女は、年を取った今も職業を持っている。最近、膝が悪くて病院に行くと、検診の結果、膝の軟骨がすり減っていたという。その間、生きるためどれくらい必死に飛び回ったのかと思うと、痛ましい気がする。末娘は、暮しが苦しくても勉強を止めず、今は公務員として働いている。

子どもたちや孫たちは、本当に賢くて優しい。

日本政府と三菱の責任を問う

太平洋戦争犠牲者光州遺族会の李金珠会長の斡旋で、1999 年 3 月 1 日名古屋地方裁判所で梁錦徳、金恵玉（キムヘオク）、朴海玉（パクヘオク）、陳辰貞（チンジンジョン）、李東連（イドンリョン）らが 1 次訴訟を起していた。

ある日、友だちの金恵玉に連絡したくて電話局に問い合わせたが、電話帳に恵玉の名前はなかった。だが幸い息子さんの名前を見つけて、やっと連絡がついた。ちょうどその時、裁判が始まったばかりだった。少し遅れたが、恵玉が訴訟を始めたという消息を聞いて、私も 2000 年 12 年 6 日に金福禮、金中坤さんと共に、3 人で第 2 次訴訟に参加することにした。妹の正珠も 2003 年、富山で不二越相手の訴訟に参加することになった。その間、裁判に参加して日本企業と政府に抗議デモをするために日本へ数十回行き来した。裁判の過程で、私の証言を通じて新しい事実が明らかになることもあった。

三菱飛行機工場で働いた当時、私は目まいが激しくていつも工場に最も遅く出勤した。工場には各自の名札があり、朝出勤すると黒い名札を裏にひっくり返す。そして、退勤して寄宿舎に戻る時は逆にひっくり返し真っ赤な名札を前にする。一種の出勤簿だった。出勤簿は早く来た順から記録され、最も遅く出勤する人の名前は一番下に記録される。 私がいつも遅く出勤するので、私の名前はほとんど一番下にあった。それで出勤簿をひっくり返す仕事を主に管理したから、今もそんなことを鮮明に憶えている。こんな事実を知る人は私以外にも多い。ひとりひとり、些細な記憶を集めて証拠を作った。このように集めたものから、私たちが三菱で強制的に働かされたことを証明した。

ところが日本の裁判所は、1965 年の韓日協定で日本が賠償する部分はすべて終わったとして、「日韓請求権協定により請求権はなくなった」と言う。被害補償問題が起きるたびに、韓国政府は「日本から貰え」と言い、日本政府は「すでに支払った。韓国政府に要請しろ」と言って、互いに責任を押し付けあっている。

訴訟は 2008 年 11 月 11 日、日本の最高裁判所が上告を棄却し、2 審の敗訴判決が最終的に確定してしまった。その後、「もうこれ以上希望がない」と諦めかけていた頃、光州で「勤労挺身隊ハルモニと共にする市民の会」が結成され、「私たちのことを手伝いたい」と申し出があった。内心、勝てる見込みなどないと思っていた。

ところが、光州の三菱自動車販売展示場前で連日 1 人デモを行うという便りが届き、日本政府と三菱重工業に謝罪を促す署名運動を行うなど、私たちの問題でだんだん闘いが大きくなる勢いだった。

もう道が閉ざされたと思っていたのに、今度は三菱を相手に「日本ではなく、韓国で訴訟を始めよう」という連絡が来た。生きているうちにこんなことが起きるとは想像もしていなかった。

結局 2012 年 10 月 24 日、日本での訴訟に参加した人たちと共に、光州地方法院に訴訟を起した。そしてついに 2013 年 11 月 1 日、光州地方法院で勝訴したのに続き、光州高等法院を経て 2018 年 11 月 29 日、大法院で私たちが最終的に勝った。

当初は「不可能」なことと考えていた。光州の市民と弁護士の方々、日本の市民団体「名古屋の訴訟を支援する会」の会員たちの努力と闘争のおかげで、大法院の最終勝訴結果を成し遂げられたのだ。この間、私たちのことを忘れずに今まで尽して来られた人々のことを考えると、何と言って感謝したらよいかわからない。

しかし、三菱はまだ私に賠償金を支払っていない。日本政府も依然として「自分たちには関係ない」ととぼけている。勤労挺身隊の被害者たちは実際に韓国政府からの支援もなく、ほとんどの人たちは生活が苦しい。身動きすら困難な老いた体を引きずって裁判所や集会に通ったのに、まだ解決したという知らせが届かない有り様で、本当にもどかしい。

それでも感謝の祈りを捧げる

和順から一文無しになって戻った後、私は大学教授、軍の将校、レンガ工場社長らの家で家政婦として何年か勤めた。何とかお金を稼いで、子どもたちと住む家がほしかった。そんなある日、下の息子が妹の正珠におコメを1升渡し、「叔母さん、うちの母がここで一緒に住んでも良いですか？」と、正珠の家に私を預けた。それで正珠の家で暮らしながらあちこち働きに通った。そしてお金を稼いで、今住んでいる家を用意できた。

やっとの思いで手に入れた家なので、愛着が大きい。家があるから、もう誰かに追い出される心配はない。日本で地震の時にケガをした足が今も私を苦しめている。足が痛くて力が入らず、どこか少しぶつかっただけでも倒れてケガをする。今は中風まで病んで、体をうまく支えられない。手で物を握るのも容易でなく、文字も書くのはほとんど無理だ。

妹の正珠とは、2 人とも体調が良くなくてしょっちゅうは会えないので、主に電話で話す。昨年夏、初めて娘が私を妹の所に連れていってくれたので、何日か妹と共に過ごした。妹とは勤労挺身隊に関連する裁判や集会で会ったが、久しぶりに姉妹同士で持つ時間は格別だった。夜遅くまで昔話を交わし、朝から夕方まで一緒に食べて寝るので、幼い時に故郷の家で過ごした時が想い浮かんだ。

あの小さくてか弱かった子が、不遇な時代を過ごして苦労したことを考えると、本当に悔しい。私に会いたいと日本へ行ったせいで、日本であらゆる苦労をした後、私と同じように不幸な結婚生活をするなど、つらい暮しをして来たことを考えると、とても心が痛む。同じ困難と苦痛を体験した妹なので、私のことを最もよく理解してくれ、誰より大きな力になる。若い時たいへん苦労した妹は、目眩と不便な脚のせいで体が不自由だ。痛い脚を引きずって、私のために「おいしい食事を作る」と長く立っている姿が、痛ましいが有難かった。

ときおり聖堂に行くが、娘が私を車に乗せてくれる。通い始めて 30 年程経つ。聖堂では、聖母マリアが私を温かく抱いて下さるようでとても慰められる。マリア様の前で、私を助け慰めてくれる有難さに、彼女のために祈る。

私は日帝の強制動員で、体の一部だけでなく人生の最も大切な時間を失ってしまった。そして私の過ちでないことにより誤解され、一生苦痛を味わって生きてきた。そのたびに涙を流し、私の不遇な運命を恨み、天を恨んだりした。だが聖母マリアに会った後、悲しんで恨む代わりに感謝することで満たされていき、再び力をえた。私のように不運な時代に生まれ、似たような苦しみの中で生きてきた人たちと共に日帝の蛮行を告発し、その責任を問うために訴訟を起こすことができたのは、私の意志もあったが、マリア様が導いて来られたおかげだと思う。

苦しい人生だったが、国籍にかかわらず良心に目覚めている心温かい市民たちから大小の助けを受け、正々堂々と生きてくることができた。まるで自分のことのように立ち上がり、共に闘う方たちがいて、やっとつらい裁判に勝つことができた。こんな体験をして感じたのは、世の中は一人で生きられるのではなく、困難なことほど共に克服しなければならないということだ。それで最近、困難が多い彼らのために、少ないお金ではあっても少しは気持を送っている。今後私に残された時間で、できるなら誰かの助けになって生きていきたい。

心温かい市民たちから大小の助けを受け、苦しい人生だったが、正々堂々と生きてくることができた。

韓国全羅南道（チョルラナムド）　地図

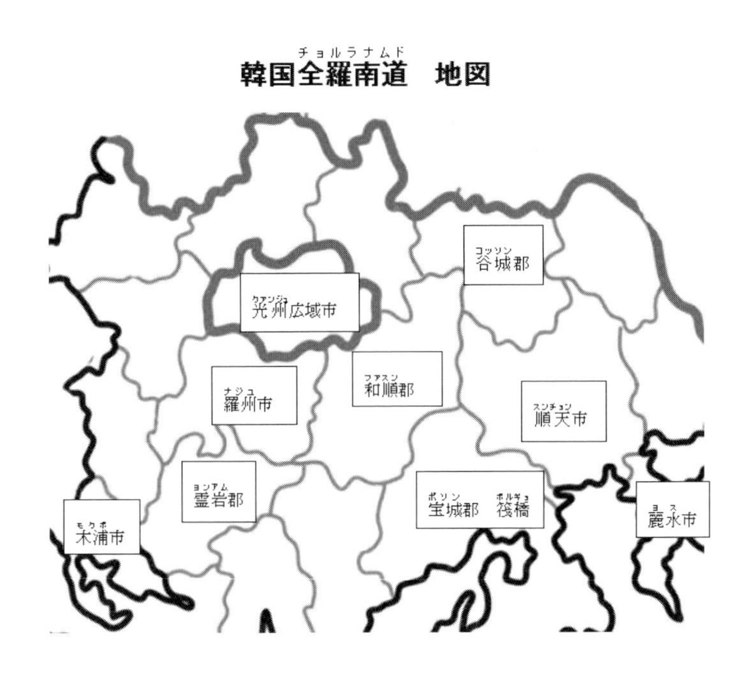

金性珠　年譜

1929		9月8日　順天生れ
1938	9歳	順天南公立尋常小学校(順天南初等学校)入学
1943	13歳	父、慶南鎮海の飛行機工事場へ徴用
1944	14歳	3月　順天南公立尋常小学校卒業
		5月　日本の名古屋三菱工場へ動員／以後、工場で作業中、左手の人さし指を関節から切断
1944	15歳	12月　東南海地震で脚をケガ。同僚が6人死亡
1945	15歳	8月　解放／ 10月　帰国
1947	17歳	12月　結婚
1962	33歳	夫が死亡
1999	70歳	「太平洋戦争犠牲者光州遺族会」(会長、李金珠)に加入
2000	71歳	12月6日　三菱重工業勤労挺身隊訴訟に原告として合流
2005	75歳	2月24日　名古屋地方裁判所、原告の請求を棄却する判決
2007	77歳	5月31日　名古屋高等裁判所、控訴を棄却する判決
2008	79歳	11月11日　日本の最高裁判所、上告を棄却(最終敗訴)
2009	80歳	12月　厚生労働省が厚生年金脱退手当金「99円」を支給し、波紋を起す
2010	80歳	7月14日　三菱重工業、交渉する意志を発表
2012	82歳	5月24日　韓国大法院、強制動員被害者に個人請求権認定趣旨の判決
		7月6日 勤労挺身隊と共にする市民の会、三菱重工業と16回の交渉を経て最終決裂宣言
2012	83歳	10月24日　光州地方法院に三菱重工業を相手に損害賠償請求訴訟を提起
2013	84歳	11月1日　光州地方法院の1審で勝訴
2015	85歳	6月24日　光州高等法院で2審も勝訴
2015	86歳	10月9日〜11日　東南海地震犠牲者の追悼碑を訪問
2018	89歳	11月29日　大法院で原告勝訴の判決を受け勝訴確定
2019	89歳	3月23日　三菱重工業の商標権及び特許権差押え
2020	91歳	12月　『記憶の本』出版

第4章　金正珠（キムチョンジュ）さんのお話

「乾かない涙」

はじめに

生きてきた日々を振り返ると、私の記憶のほとんどは暗い。当然、明るい日もあったはずなのに…。私がなにか間違った生き方をしてきたのだろうか。いや、たとえそうだとしても、それだけではない。日本は隣国を植民地にして、人びとがそれなりに平和に暮らしているところに土足で踏み込んできて、好き勝手にふるまい、乱暴を働いた。私が弱い国に生まれたことではなく、日本帝国主義が間違っていたのだ。

13 歳の時に日本に連れて行かれ、軍需工場の片隅で一日 10 時間近く奴隷のように働かされて、まともに食べることもできなかった。毎夜、空襲を避けて逃げまどうので、まともに眠ることもできなかった。このようにひどく苦労したのに、日本政府から賠償金をもらうことはなく、私を酷使した日本の企業、不二越からも月給を一銭ももらっていない。いいことは何もなく、逆に日本に行ったことから余計な誤解が生まれ、人生がすべてねじれてしまった。それを考えると、無念で悔しい。思い出すのを何とかやめようとしても、ときおり憤りがこみ上げて涙がとめどなく流れる。

私が過ちを犯したわけでもなく、恥ずべきことをしたわけでもないのに、なぜ私は日陰で顔を伏せていてばかりいたのだろうか。もう堂々と顔を上げて､晴れやかに自分をさらけ出して話したい｡そうすることで、私のねじれてしまった人生の結び目と恨（ハン）を解きたい。

裕福だった幼い頃

私は 1931 年 8 月 2 日、全羅南道順天（チョルラナムドスンチョン）の中央洞（チュンアンドン）で生まれた。家が漢方の薬屋と農業もしていたので、幼いころは家の中に食べ物がいっぱいあったことが思い浮かぶ。畑から取ってきた、熟したカボチャがギッシリと置かれた部屋もあった。カボチャを茹でたり、お粥にしたりして食べた。朝鮮では普通は食べることができなかった貴重なおコメを煎り菓子にして食べたし、小麦粉を蒸してモチを作って食べた。

わが家は農業をしていたから、田畑で収穫する物はいつでも食べられたし、海産物もよく食卓にのぼった。麗水（ヨス）の突山（トルサン）島に住む祖母の弟が、ナマコ、ホヤ、ユムシ(蛤虫、珍品)を大きな缶に入れて持ってきたからだ。祖母はよくうなぎやどじょう汁を作ってくれたが、それは本当に美味しかった。どじょうを煮込んでからふるいで濾し、骨から肉を綺麗に外し、そこに野菜を入れて赤い粉唐辛子を溶いて煮るともう絶品だった。姉は「生臭い」と嫌ってあまり食べなかったが、私は大好きでよく食べた。すると、姉は私を「豚みたいによく食べる」とからかった。私は好き嫌いがなかった。サンチュで包んで食べる時も、必ず２枚で包み、口を大きく開けて食べた。

わが家は暮らしが豊かなだけに、人の心にもゆとりがあって隣人にも多く分けた。農産物をたくさん収穫したり、美味しい食事を作ったりすると、必ず隣人と分けて食べた。幼い頃から祖母に「誰々に持って行け」と、よくお使いをさせられた。このような祖母たちの姿を見ながら育った。わが家の裏に貧しい友だちが住んでいた。盆や正月にわが家で食べ物をいっぱい作ると、その子の家にも分けた。その家とは低い塀を間にしていて、塀越しに食べ物を手渡した。できたてのコチュジャンやにんにくの茎、塩辛など渡すと、友だちは感激していた。

また、わが家にはほとんどの家財道具がそろっていて、町内の人々がわが家に来ては必要な物を借りていった。村祭りや結婚式の時には、わが家から屏風を借りて行ったのを思い出す。また、部屋数も多く、そのうちの一部屋は、寝場所がなくて町を放浪していた人が泊ったり、村の作男たちが集まって遊んだり、寝たりするのに使っていた。

わが家が思いやりにあふれていたのは、祖父・祖母がケチな性分でなくて寛容だったからだ。それは人に対する時も同じで、私たち兄弟姉妹は祖父や祖母の口から生前に「この野郎」という罵声を聞いたり、叱られたりしたことがなかった。両親もそんな言葉を口にしなかった。

私たち姉妹も、祖父母や両親に口答えすることなどなかった。大人の言う通りにし、逆らうことなどしなかった。友だちが門の外から「遊ぼう」と私を呼んでも、祖母が「うちの正珠は行けないよ」と言えば、私はその言葉に従った。祖母の言う通りにすることが正しいと思い、またそれに従うほうが気楽だった。このような雰囲気の中で育ったせいか、私は他人に大声を出したり、怒ったりすることはなかった。

祖父は毎日朝早く起きて、夏でも冬でも冷たい水を汲み、塩で歯磨きをし、洗顔して心身を整えていた。そして敷布団を1枚敷いて座り、儒教の経典等を読むのだが、その姿は高尚な学者のようだった。

そんな礼儀正しい祖父に、姉と私は時々いたずらをしかけた。祖父が家の廊下を歩いてくる時、姉と私が床にうつ伏せになり、祖父の両脚をそれぞれがつかむ。すると祖父が全身の力を使って前進し、私たちの体はまるでソリに乗るかのように引っ張られる。そうやって楽しんでいると、祖父は私たちがその遊びが好きなのを知っていて、知らないふりをして応じてくれた。

祖父の愛情をたくさん受けたが、叔母たちも私たちを大事にしてくれた。手先が器用な上の叔母は、ミシンで私たちの服を作ってくれた。服を作るたびに、姉と私を呼んでは着せてみて喜んでいた。看護師だった下の叔母は、給料日になると日本の煎餅など珍しいお菓子を買ってくれた。私たちがおいしいと言って、口をもぐもぐさせて食べると、とても満足そうに微笑んでいた。書堂に通う時、叔母たちはポソンに美しい花を刺繍してくれ、おしべまでつけてくれた。刺し子のチョゴリ(上着)も黒い縁取りをして美しく仕立て、家で着る可愛いエプロンまで作ってもらった。私たちは叔母の作ったチョゴリにポソンを履いて書堂に行き、子どもたちの前で意気揚揚と見せびらかした。子どもだった私たちにも、叔母手作りの美しい服やポソンが誇らしく思われて、うれしく仕方がなかったのだ。叔母たちは、家事に追われて忙しい母の代りに、こうして私たちの世話をして愛おしんでくれた。

朝鮮語の使用禁止と強制供出

私が生まれ育った中央洞は当時、順天の繁華街だった。警察署も家の近くにあって、幼い頃、近所の子たちと一緒に、警官が剣道の練習をしているのを見物したことを覚えている。電信柱の傍で子どもたちと陣取り合戦をしたり、夕方路地に集まって相撲をとることもあった。ときおりお手玉もして遊んだ。姉と叔父（父の末の弟）が同い歳で、姉と私が2歳違いで、ほとんど同じ歳だった。幼い頃は叔父のことをよく知らず、3人で一緒によく遊んだ。

私は8歳になると、姉と叔父の通う順天南国民学校に入った。小学校2年生の頃、皇民化教育が本格的になり、名前は日本式に変えさせられ、学校では日本語を強要された。朝鮮語を使うと先生に叱られ、級長に名前を書かれて手を上げたまま立たされたり、廊下やトイレ掃除などの罰を受けた。ところが、日常的に朝鮮語で話しているので、突然日本語を使おうとしてもうまく出てこなかった。いくら意識して努力しても、知らない間に朝鮮語が飛び出て、大目玉をくらったり罰を受けることが多かった。それはもう薄氷の上を歩くような気分だった。

このように厳しい時代になっていたが、運動場で友だちと毬つき、縄跳びなどして遊んでいると時が経つのを忘れた。学校から遠足に出かけるのも楽しみだった。順天にある貯水池や有名なお寺、仙巌寺（ソナムサ）などに遠足に行き、宝探しをして遊んだのもいい思い出だ。

勉強がそうできる方ではなかったが、真面目な子どもだった。家で大人たちに素直に従ったように、先生の言葉も素直に聞いた。怖い先生もたくさんいたが、算数の時間は楽しかった。数を数えるのも面白く、正解が出るとうれしくなった。

図画と習字の時間は、家族との連帯感を感じた。私が2年の時、姉は4年、叔父が5年で同じ学校に通っていて、図画用品や習字道具等は一緒に使った。図画や習字の時間になると、図画用品や硯等を姉や叔父の教室から持ってきた。当時、図画用品や習字道具は貴重で値段が高かったからだ。

その頃、日帝の強制供出があり、多くの家から箸やスプーン、茶碗など、家中の金属製品がほとんどといっていいほど奪われた。わが家は暮しが裕福だっただけに、より多く奪われた。祭事に使う祭器[26]3セットと神仙炉（シンソルロ）[27]もこの時没収された。おコメも同じように強制的に奪われ、豆粕で空腹を満たすしかなかった。

「日本に行けばお姉さんにも会える」とだまされて

当時、わが家は父が徴用で連れていかれ、祖父に続いて母まで亡くなった。だんだん家が傾いていくような状態だった。

1944年5月頃、学校を卒業して家事を手伝っていた姉が、日本人教師の大垣先生にだまされて日本へ連れていかれた。家には祖母と曾祖母の2人だけが残った。母が亡くなってからは、祖母がずっと家事を受け持っていた。弟2人はまだ幼く、面倒を見る人が必要だった。それで、祖母が畑仕事をしに行く時、ときおり私たちも連れていった。すると、祖母は畑仕事をしながらしばしば声を出して泣いた。「お前たちの叔父と、姉を結婚させてからでないと死ねない…。何とかお前まで嫁がせて死ぬことができれば、心残りはない」と言った。

---

[26]**祭器**　祭事に使う器や道具
[27]**神仙炉**　食卓に置いて沸かす韓国特有の料理器具。銅や真鍮などで鉢に似せ、中心部に炭を入れる筒がある。

姉が日本に行っている間、いつも心の片隅が空洞のようだった。姉のいなくなった寂しさを強く感じるのは夜だった。真夜中に目が覚めると、そばに誰もいなくてとても怖くなった。悪夢を見たり、強い雨風になって雷が鳴る夜は、一人で寝なければならないのがつらかった。祖母と一緒に寝たくても、祖母の隣は弟たちが占めていた。6 歳になる上の弟は祖母の横で、末の弟は曾祖母の横で寝ていたが、そのすきまに入っていく勇気は私にはなかった。

姉が日本に行って 7〜8 ヶ月過ぎた 1945 年になったばかりの頃だ。6 年の担任の大垣先生がある日、私に「日本に行けばお姉さんに会えるし、上級学校にも進学できる」と言った。私は当時、姉がどんな状況に置かれているのか知らなかった。ただ、「日本にさえ行けば、懐かしい姉に会える」という大垣先生の話がとてもうれしかった。その上、「よい学校にも通わせてくれ、お金を稼げるように会社にも勤めさせてくれる」と言うのだから、よい話に心が引かれるばかりだった。

姉が日本に行く時、私が大垣先生のお使いをしたが、その時は何の事か、実情がわかる齢ではなかった。12 歳では世の中のことなどわかるはずがない。姉が日本に行った時も、初めは親戚の家に行ったと思ったほどで、日本に行ったとは思わなかった。

ある日、私は大垣先生の指示に従って父の印鑑を渡し、日本に行く手続きを取った。出発の日が迫って祖母に話すと、「アイゴー(哀哭)！」と強く抱きしめられた。祖母は「日本に行った姉の性珠から便りも来ないのに、お前まで行くとは何ごとか！」と飛び上って驚いた。「お前は絶対に行くな」と泣き叫んだ。祖母がそこまで反対するのだから、行ってはいけないと思った。それで大垣先生に「行かない」と言ったが、「すでに約束したことだから、行かなければならない」と言われた。それでも私は「行かない」と言った。「どうなるか」と心配していたら、長い刀を差した日本人巡査が家まで訪ねてきた。怖くなって、日本へ行くしかなかった。

富山の不二越工場へ行く

1945年2月、国民学校の卒業式を目前に控えていた。結局、私は日本に行く船に乗ることになった。私の歳は（数えで）14才だった。同じ学校からは「アリアさん」というあだ名で呼ばれていた子と、私の2人が行くことになった。学校では「勤労挺身隊に行く抱負を明らかにし、代表として宣誓せよ」と言われ、私は壇上に立たされた。

その日、勤労挺身隊に行くために集まった子どもたちを見ると、順天だけで 70〜80 人いたようだった。私が一番幼くて、背も一番小さかった。麗水から船に乗り下関まで行く途中、船内にいるのに誰かが救命具を配って、「早く着て外に出ろ」と言った。命令通り救命具を着て外に出たが、しばらくして「飛行機が行ったからもう一度船内に入れ」と言われた。B29（米軍の爆撃機）が私たちの乗っている船を攻撃しようとしていたと後で知った。訳も分からず救命具を着たり脱いだりし、怖がっている何人かの大人たちの様子を見て、不吉な気持ちでいっぱいになった。大垣先生が言ったことをあまりに「真に受け過ぎた」のではないかと思え、日本に行って暮すことが不安に感じられて、だんだん気が重くなった。船に乗る前までは姉に会えるという期待感と新しい世界へ行くときめきで溢れていたのが、少しずつ暗い影におおわれるようだった。

私たちを乗せた船は翌日の朝になり、下関港に到着した。下関で降りた後やっとご飯が出たが、船酔いが収まらず、とても食べられなかった。ご飯も食べずに再び汽車に乗ってどこかに向かったが、こんなに長く乗物に乗って移動するのは初めてだし、見慣れぬ所なので気持ちが落ち着かなかった。

それでも汽車から降りれば姉に会えるはずだから、少し我慢しようと堪え忍んだ。ずいぶん汽車が走ると、目的地に着いたのか、「皆、降りろ」と言われて降りると、広々とした平野だった。その時、出迎えに来ていると期待していた姉の姿は見えなかった。

私たちは、鉄条網で囲まれた、殺伐とした建物に入った。そこは山が多く、冬には雪が大人の背丈を越えるほど積もる富山という所だった。私たちが連れていかれたのは、不二越[28]という工場の寮だった。全羅道の人は下の階、京畿道(キョンギド)の人は上の階に割り当てられた。順天から日本へ出発する時はまだ冬だったので、私は服や下着、手袋、靴下などを用意してふろ敷に包んでいた。工場では国防服上下一着と帽子、衛生袋(赤十字型の当て布が付けられた白い袋)等を分けてくれた。衛生袋には手の指位の包帯と真っ赤なアカチン、便せんと封筒２枚が入っていた。でも、私たちには寮の住所も知らされず、まして自分の家の住所も分からなかったので、家に手紙１通送れなかった。

寮に入るや否や、１週間ほど軍事教練[29]を受けた。その時が来るまで、どんなことが自分の前に待っているのか全く分からなかった。

空腹を抱え、奴隷のような生活をする

明け方５時に起床して顔を洗い座っていると、朝食が配られる。その日の当番が木のおひつに 30 人分のご飯を持ってくるが、そのご飯を分けると一人当りしゃもじ１杯にもならない。それを、豆腐一切れも入っていない薄い味噌汁と一緒に食べると、それすらスプーンで２、３回すくうと底が見えた。成長期真っただ中の齢の子どもたちには、とても食べた気がしない食事量だった。

それを食べて工場へ行く準備をした。まるで軍人のように国防服を着て帽子を被り、君が代や軍歌を歌いながら工場まで行進した。

---

[28]**不二越**　切削工具・ベアリング・産業用ロボット(主に自動車製造用ロボット)の製造を中心にする日本の企業。太平洋戦争中は軍需工場に指定され、軍事用部品を調達した。主力工場は富山県富山市にある。商標は NACHI(ナチ)。
[29]**軍事教練**　軍人のように行動に統一性が必要な人たちに、規律と行動の節度を習わせる訓練

工場に出勤した初日、生まれて初めて見る機械の前で機械の扱い方を習った。工場の床は油でツルツルすべった。私は背が低いので、リンゴ箱２つ積んだ上に乗って仕事をしなければならなかった。私が受け持ったのは鉄の塊を削る仕事だった。錆ついた鉄の塊を機械に挟んで削るのだが、飛行機の車輪に入る部品なのでミリメートル単位まで正しく精密に削らなければならなかった。普通一日30個から40個削ったが、その日に与えられた割当量はその日のうちに終わらせなければならない。割当量がすべて終わるまで同じ組の人全員が待っていて、一緒に寮に戻らなければならなかった。工場での仕事はそれこそ奴隷労働であり、生活は奴隷と変りなかった。

仕事をしていると、じきに昼休みになった。朝食も少なく、きつい仕事をするのでとてもお腹が空いた。ところが、工場では子どもの手の平サイズの三角パン１つしか配給されなかった。それだけ食べてまた働き始めるとあまりにもつらく、集中して仕事するのは大変だった。そのようにお腹を空かせながら午前９時から午後５時まで働かされた。そして工場では日本人男性が通路を歩き回って、私たちがちゃんと働いているかといつも監視していた。トイレへ行こうとしても、「働くのを止めて、どこへ行く！」と言い、「怠けている」と、頬を叩いた。

第12愛国寮玄関であいさつする挺身隊員（不二越側が裁判で提出した証拠写真）

仕事を終えて寮へ戻る時も、出勤する時と同じように日本の国歌[30]や軍歌を歌って行進させられた。寮に到着すると舎監の先生に日本語で「行って参りました」と報告し、夕食の準備をした。やはり当番が木のおひつに 30 人分のご飯を持ってくるが、おかずは沢庵 3 切れがすべてだった。解放されて家に戻るまでずっとこんな食事だった。お腹が空き過ぎて、皆と寮の庭に生えている雑草を手当たり次第にむしって食べた。毒がある草を食べて髪の毛が抜ける子もいた。その時はその草のせいだと思ったが、今考えてみると栄養失調になったせいかもしれない。おやつやごちそうなどはまったくもらえなかった。

家にいる時はひもじい思いをしたことがなかったのが、日本に来てから思う存分食べられないことが本当につらかった。工場で私たちが小さな三角パンを食べている時、日本人は白いおコメが入った弁当を持ってきて食べていた。それを見ると家のことが自然と想い出され、悲しくなった。

民家と離れて鉄条網に囲まれた寮で過ごすことも憂鬱だった。育ち盛りの齢でまともに食べることもできず、跳び廻ることもできない。皆、病気になりそうだった。

今もよみがえる空襲の恐怖

寮では、一人当り畳 1 枚に皆ピッタリくっついて寝た。冷たい畳に体を横たえ、薄いせんべい蒲団 1 枚かぶっても、あまりの寒さでなかなか寝付けなかった。2 月はとても寒くて、雪が多く積もった。後で聞くと、その年はかなり寒い年だったという。そんな寒い年に、会社は私たちに手袋の一組、靴下一足も配ってくれなかった。

一部屋に 30 人で過ごしたが、互いに話す時間はなかった。朝起きれば

---

[30]**国歌**　ここでは「君が代」を指す。

すぐ工場に行って働かされ、夕食を食べ終えれば、きつい仕事をした後なのですぐ眠りに落ちた。でも、そのうち誰かが故郷を思い出して家族を思って泣き始めると、同じ部屋にいる子たちも続いて泣いた。どこに行ったとしてもこんなにひどいところはないと思い、だまされて連れてこられたことがあまりにも恨めしかった。亡くなった母が空から私がこのように苦労している姿を見たらどれほど胸を痛めるかと思うと、涙がこぼれた。故郷の家で私の心配をしている祖母たちと幼い弟たちの顔が想い浮んだ。また、姉はいったいどこにいるのか、私が日本に来たのになぜ会えないのか、とにかく姉に会いたかった。

しかし、泣いて寂しがっていただけでなく、その上にいつ死ぬかもしれない恐怖まで味わわされることになった。当時、アメリカが日本本土の各都市をじゅうたん爆撃していた時だった。また、私たちがいたのは日本の敗北直前で、米空軍機が飛んできてほとんど毎日のように空襲警報が鳴った。私たちはいつ襲ってくるかもしれない空襲に備えて、常に靴を履いたまま寝かされた。

夜になると、空襲から逃げ回るのに必死になった。蒲団をかぶり、爆弾を避けてただあちこち逃げ回るだけで、自分がどこへ行けば助かるのかもわからなかった。逃げる途中、倒れてケガをしたこともあった。私もそのうち爆弾に当って死ぬかもしれないと思い、怖かった。空襲が終わると、1人、2人と寮に戻ってきた。恐怖に怯えた子たちは、震えながらあちこちでしくしくと泣き始めた。すると、他の子どもたちも皆つられて泣いた。

解放された祖国の自由

ある日、工場から出て汽車を乗り継いで船に乗った。どこへ行くのかも知らされず出発したのに、到着してみると麗水だった。その時まで韓国が解放されたことも、家へ帰ることすら知らなかった。知っていたら、家から持って来た服を包んだ風呂敷や、寮の舎監に預けてあるお金も返してもらってから出てきただろうに。先に日本から帰っていた姉は、私の顔を見るまで、私が死んでしまい故郷にはもう帰ってこないだろうと思っていたそうだ。

私は、後からでも不二越工場で働いた月給と舎監に預けたお金を送ってくれるのではないかと思っていた。しかし、不二越はビタ一文送って来なかった。花のように美しい齢を生き地獄で送ったのにもかかわらず、私の手に何も残らなかったことが幼い私にしても口惜しかった。

家に帰ると、家族が心の底から私を歓迎してくれた。その頃、「韓国に帰る船の中で朝鮮人を虐殺する」という怖しい噂が広がっていた。帰って来るはずの私がいつまで待っても帰らないので、家族は気を揉んでいた。日本にいた時、過酷な労働をしたにもかかわらず、十分に食べられず、ただでさえ小さい体が「さらに縮んだ」私を見て、家族はとても不憫に思ってくれた。

姉に会うと、脚の片側に赤黒いアザができていた。ビックリして「どうしたの？」と聞くと、地震が起きた時、逃げようとしたら倒れ込んで、人々に踏みつけられたと言う。さらにもっと可哀想だったのは、姉が左手人差し指の関節から先を失ったことだ。私は工場で働いていて、作業中に機械のベルトが頭の上に落ちて来て驚いたことはあったが、大ケガはしなかった。姉は指の一部を失い、地震で脚に大ケガをした。それを見ると心が痛んだ。

だが、姉が失ったのは指先だけではなかった。人生で最も輝かしい時間を失ってしまったのだ。それは私も同じだった。姉も私も、だまされて連れていかれただけでも口惜しいのに、つらい労役をさせられて、それに対する対価を一銭ももらうことができなかった。その上、2 人とも何か罪でも犯したかのように、日本に行ってきた事実を隠して暮さなければならなかった。強制労働で姉も私も大きな傷を負ったが、当然私たちに与えられた幸福さえ一生涯奪われるとは思わなかった。その時はた

金正珠さんと従妹（1950 年代）

だ、「死なないで故郷に帰ってこられた」ことだけで大いに安堵したものだった。

解放になって国は新しい秩序を模索しており、私の人生も新しい出発点にあった。韓国語をきちんと習うこともそのうちの一つだった。小学生の時は日帝の皇民化教育によって、ハングル(韓国文字)を習えなかった。それでハングルを習おうと夜学へ通うと、4、50 人の子たちが私と同じようにハングルを習いに集まっていた。

当時、3、4 人の男子大学生が夜学を開き、子どもたちにハングルを教えていた。彼らが上下とも韓服を着て授業をする姿を想い出す。夜学の先生たちは、天気の良い日には生徒たちを連れて遊びに行ったりした。ある時、東順天駅近くの竹島峰（チョクトボン）に登った。小さい山なので登るのも大変でなく、本当に景色が良かった。少し前まで監獄のような工場に閉じ込められて働かされていたのに、今は明るい世の中で自由に息ができることが幸せだった。

一時はこのように美しい時期を共に過ごした仲間たちなのに、今は全く消息が知れない。恩師である夜学の先生たちにも一度会いたかったが、6.25 朝鮮戦争以降、消息が絶えてしまった。社会主義思想を持っていたので、戦争で学徒兵として徴集され、後に越北、北朝鮮へ渡ったと聞いている。

夜学の先生たちに上手に教えてもらい、激励してもらったおかげで、私は順天梅山（メサン）中学校に合格できた。しかし、その間に家の暮しが苦しくなったせいか、父は「中学校に行かせてあげる」とは言ってくれなかった。残念に思った夜学の先生がわが家を訪ねて、「正珠はなかなか勉強ができるから、中学校に行かせてください」と父を説得した。しかし、父は頑なに断り、合格したのに結局中学校へ進学できなかった。叔母たちもみな高校まで卒業したのに、貧しくなったせいで姉と私、腹違いの妹は中学に行けなかった。私はそれが悲しくて何日も泣き暮らした。

私の姉、金性珠

姉は日本から帰って来た頃、ちょうど花が最も美しく咲くような年頃だった。18 歳はそう頑張って飾らなくても美しい齢だったが、姉は最新の流行にはまっていた。外出する時は、ワンピースかツーピースで着飾り、当時流行っていた黒い革ベルトをした。最新式パーマの髪型にハイヒールを履いて、友だちと遊びにいった。ひとことでいうと、町内一オシャレな娘だった。洗練された美しい姉の姿に魅せられて、大学生が何人も後を追いかけてきた。

しかし、今振りかえって考えると、姉はどれほど大きな痛みを隠していたのかと思う。指の関節から先を失った左手は常にポケットに入れて隠し、誰かが「日本」という言葉を口にしただけでぶるぶる震えた。姉がそこまで最新の流行を追って外見を飾った理由も、多分日本での暗い記憶を忘れて、明るく華やかに花を咲かせたかったからだろう。

姉は 19 歳になった齢に結婚した。結婚相手の父親は、タイヤ工場を大きく経営する順天一の大金持ちだった。家系も、何代も続く立派な両班(貴族)として知られ、姉の花婿としては遜色なく見えた。母が早く亡くなったので、私の時もそうだったが、姉が結婚する時も上の叔母、下の叔母が挙式に必要な絹の服地などを用意してくれた。祖母も日頃から私たち姉妹の嫁入りに備えて、あれこれの品物をあらかじめ用意していた。姉の結婚式の日が決まると、姉とともに川辺に行き、婚礼用のふとんに使う綿布を洗った。洗って干した綿布が風になびいてまぶしく、真っ白に乾いた風景が鮮明に記憶に残っている。

手まめな祖母のおかげで、姉の結婚の準備は立派に整えられた。両家が歓迎している結婚で、式までの過程はスムーズだった。わが家では、姉を結婚式の後も実家に留まらせた。当時、金持ちの家の娘はふつうそうした。それで、姉は嫁入り先の家で暮らさず、実家で過ごした。義兄が姉に会いに来る時、彼はいつも笑顔を浮かべていた。そして、私にも祖母にも、とてもやさしかった。ギターが上手く、歌も上手い風流な人で、わが家に来ると時折祖母の膝を枕にして横になり、歌を歌ったりした。社交性があって愛想のいい姉の夫を、祖母も本当に可愛がった。しばらくして姉の嫁ぎ先で家を用意してくれ、分家した。

わが家では余計な誤解を生まないようにと、夫の家には姉が日本に行っていたことを隠していた。ところが、義兄は誰かから姉が日本に行った話を聞いて、日本軍「慰安婦」だったと誤解した。その日から、姉は地獄のような結婚生活を味わうことになった。義兄としては、姉が日本に行ってきたことを隠したのは、「なにか問題があって隠した」と思ったのかもしれない。そうでなければ、結婚前に明かさなかったので裏切られた気がしたのか、結婚生活中ずっと姉のことを疑っていた。義兄の不信は姉だけを苦しめたのではなかった。彼自身もとても苦しんで、酒を飲んではわが家に来て泣くことも多かった。結婚前から少し遊び人気質があったが、姉の過去を知ってからは自分の人生を捨ててしまったかのようだった。家長としての義務も放り投げ、自身の健康すら顧みなかった。

さらに義兄は、姉が日本に行ったことを知ってからは、新居で姉にひどい意地悪を働いた。姉が家にいると、時々誰かが窓を叩く音がして、その何分か後に夫が帰ってきた。そして「さっき、誰かが窓を叩いて逃げていくのを見た。もしかしてお前の知っている男じゃないか？」と、姉を問い質した。ところが後でわかったのだが、窓を叩いていたのは姉の夫自身だった。こんな夫の姿を見せられても、姉は一切言い訳しなかった。夫から言葉尻をとらえられたくなかったからだ。義兄は姉と「一緒に暮したくない」と、あら捜しをしてけちをつけたが、姉は親の威信を傷つけまいという思いから、じっと我慢したまま暮らした。

父と曾祖母、祖母の死

解放後、徴用から帰って来た父は、大家族の家長として多くの子どもたちと家族の面倒を見るためにいつも忙しく過ごした。父の子だけでも10 人以上いた。

解放後、父は村の仕事も活発にしたが、後にこれが禍根を残すことになった。麗水・順天事件（1948 年 10 月）に巻き込まれて、結局は亡くなってしまった。そのせいで、わが家を支えていた気運というものがみな抜け出てしまった感じだった。祖母と曾祖母も年老いて、父の死後は気力も衰えてしまった。

そして祖母が亡くなると、続いて曾祖母も後を追った。曾祖母の実家がその地方の名士で、曾祖母の葬儀には、弔問する行列が本当に長かった。

わが家では、曾祖母と祖母が生きているときから葬儀の準備をしてあった。天気のいい日には、死に装束として用意した空色とピンク色のチマ・チョゴリ(韓服)を庭の味噌甕置き場で干した。服についたかび臭さを取るのと虫干しのためだ。

曾祖母が亡くなった時、故人の歯と手の爪、足の爪を切って袋に入れた。そして銀紙を曾祖母の口の中に入れた。

曾祖母と祖母は孫を可愛がることに専念し、叱ったり何か命令することはほとんどなかった。2 人は年を取って具合が悪くなっても、孫に向かって「肩を揉んでくれ」とは言わなかった。何も言わず、自分の手で体のあちこちを揉んでいた。当時は、そんな様子を見ていながら揉んであげようという考えすら浮かばなかった。自分が年を取って体のあちこちが痛むと、その頃の祖母の姿を思い出して後悔した。自分は孫に「揉んでくれ」と頼むのに、なぜ2人はそんな言葉を口にしなかったのか。言われなくても私が揉んであげなければならなかった。申し訳ないばかりだ。

夫の顔も知らずに結婚

私は19歳で結婚した。夫と夫の母、のちに姑になる人が訪ねてきて、私と見合いさせると言って3日間わが家に留まった。夫は谷城(コッソン)(全羅南道の郡)の人で、職業は警官だった。5親等になる叔母が仲人をしてくれたが、夫は外見も端正ですらりとしていて、叔母はとても気に入ったようだ。

わが家の裏に夫のいとこが住んでいた。彼女からわが家の暮しがよいと聞いたのか、姑は息子と私をどうしても結婚させようとした。姑が何日もかけて縁談をどうしてもまとめようと、わが家のお年寄りたちに懇願した。それで家族は、私が結婚すれば嫁入り先からとても大事にされるのではと考えた。20日後に結婚を承諾し、私は一瀉千里に夫と結婚することになった。

その頃、私は家のお年寄りから「結婚しろ」と言われたら、結婚するものと思っていた。そのため、新郎の性格を調べてみようなど考えてもみなかった。同じ部屋に座って夫と見合いした時も、貞淑でない印象を与えるのが嫌で、目が合いそうになると下を向いた。それで、長時間見合いをしたのに、夫の顔をまともに見ることもなく、どんな風貌か知らないまま結婚した。でも、人をなぜ顔付きだけで判断できるのだろう。人というものは、実際に付き合ってみなくてはわからないものだ。わが家では、婚期を逃さないように急いで私を結婚させたのだろうが、新郎や新郎の家のことももう少し調べるべきだった。

「一つ見れば十が分かる」と言われる。婚約した家から結納品が送られてきたが、メッキした偽の金の指輪だった。叔母がそれを見てとても怒り、悔しがったが、実際に夫や姑を問い詰めることはできなかった。当時、結婚を翻意することは、女にとって大きな傷になったからだ。結婚式の日取りを決めた頃、義兄は「夫になる人の職業が警官」という理由で反対した。最近とは違い、当時の警官にはごろつきのような輩が多かったからだ。義兄が反対しても、家のお年寄りたちは「すでに約束した結婚を覆すことはできない」という理由で、結婚を強行した。

偽物の金の指輪と同じく、夫も外見だけはスッキリした風貌だったが、誠実でなかった。結婚してみると、姑から聞いた話と違い、暮らしはとても貧しかった。嫁入り先には、舅、姑と夫の５人兄弟が一緒に暮らしているのに、部屋は２つしかなかった。部屋の上がり框が高いのに石段がなく、食事の度にお膳の上げ下げで苦労した。トイレも台所もみなみすぼらしくて不便だった。私が暮らしていた環境とあまりに違った。父は、嫁入り先の家を見た後、家に帰る道すがらずっと泣き続けていた。父は家に帰った後も、「あんな家に娘を嫁がせるのではなかった」と心を傷め、何日も泣いたという。

挙式を終え、すぐ嫁入り先の家に行き、一晩過ごした。翌朝起きると、服と蒲団が「洗濯しろ」と山のように積まれていた。それを洗濯場に行って洗ったが、嫁に来たばかりの新婦にもう「過酷な仕事をさせるのか」と思い、嫁入り先でこれからどんな待遇を受けるのか察しがつき、途方に暮れてしまった。幸い、すぐ分家させると言われ、一安心した。短い間だが一緒に暮らした姑は酒が好きで、飲むと家族全員に乱暴を働いた。私は自分の家でこういう体験がなく、姑が酒を飲むたびに心臓が締め付けられるほど怖かった。そんな夫の家には１日もいたくなかった。そして、３日後に順天の双岩（サンアム）に引っ越し、新婚生活を始めた。

夫との新婚生活も幸せではなかった。愛情から始まった結婚でもなく、赤の他人同士の２人が出会っただけなのに、面白い訳があるだろうか。その上、嫁入り先で何日か過ごしてみて、やはり「だまされた！」と思わざるをえなかった。

いくらも経たないうちに、6・25 朝鮮戦争が起きた。警官だった夫は人民軍を避け、釜山に逃げて身を守った。私は戦争の最中に1人で過ごすことができず、歩いて実家に帰った。曾祖母と祖母の2人が家を守っていた。

私は日本で空襲と爆撃を既に経験していたので、戦争が起きても驚かなかった。ただ、夫と家族が無事に帰ってくることを祈るだけだった。

夫との別れ

夫は、人民軍が退却すると新居に戻ってきた。

夫は私が日本に行ってきたことを知り、私を「結婚前に純潔を守れなかった不貞な女」とみなした。「日本に連行されたのはその通りだが、工場で働いただけ」と、いくら話しても通じなかった。だまされて日本に連れていかれただけでも悔しいのに、夫はあらゆることで私を束縛した。私が幼い年齢で日本に連れていかれ、味わった苛酷な出来事を慰める気などまったくなかった。被害者なのに私を詐欺師か犯罪者のように扱い、日本に行ったことを大きな弱点と捉え、長い間私をいじめた。

この時夫から受けた傷が一生残った。夫が私をどやしつけたことやののしった言葉が、みな傷になって残った。それ以来、他人の前でも罪人のように身を縮めることが多くなった。この時夫から受けたあらゆる不当な扱いのせいだろう。生涯に他人から受ける傷を、夫からみな受けた気がするほどだ。

結局、私は夫の暴言と暴力や浮気に耐えられず、家を出てしまった。結婚してからまだ1年も経っていなかった。でも、もうこれ以上耐えられなかった。当時は、女が一度嫁入りしたら絶対に実家の敷居を再びまたいではならないというのが社会的通念だった。そのため、離婚は容易でなかったし、出戻り女に対する社会的偏見がひどかった。それでも、このまま暮しているより離婚した方が幸せと思った。そして離婚するように頼んだが、夫は受け入れなかった。自分の体面に傷がつくと思ったからだろう。離婚していなくても、家庭は既に破綻した状態だった。

家を出た私は、実家に滞在していた。その頃、夫は実家に近い順天警察署に勤務していた。それでか、頻繁に私のもとを訪れた。そんなことで子どもを持つことになった。後で知ったのだが、夫は筏橋（全南宝城郡）に住む女との間に子どもができ、その子を戸籍に入れようと私に接近したのだった。戸籍上はまだ私が妻なので、私の許諾を得ないと子どもを戸籍に入れられないからだ。

子どもを産んだ後は、子ども連れで実家にずっといられる立場ではなかった。それで家を出て、子どもと 2 人だけで暮したが、だんだん生活が苦しくなった。

その頃、夫はやたら「子どもをくれ」と言い、叔父も「子どもを夫に渡して、新しく出発しなさい」と言った。再婚する気はなかった。だが、子どもは夫に任せた方が子どものためにはよさそうだと思い、子どもが 7 歳の頃夫のもとに送った。自分の懐に抱えていた子を渡してからは、子どもに会いたくてたくさん泣いた。

学用品を買って、2、3 度子どもに会いに夫の家を訪ねたが、夫は子どもと一緒に暮らしていなかった。親戚の家に養子に出してしまったのだ。

夫は筏橋の女と別れて、木浦で酒場を経営する他の女と暮していた。その女が子どもを嫌って、ひどく虐待したようだ。そのうち、子どもがいない夫の叔父から子どもを自分の養子にくれと言われて、そうしたという。

叔父の家にやられたが、子どもはそこになじめなくて、後になって自分の父親のところに戻ってきた。だが、父親夫婦は息子にご飯もろくに食べさせず、寒い冬も暖房一つない屋根裏部屋で寝かせた。

後に夫らが子どもを虐待しているとの噂を聞き、私は直ちに駆け込んで夫の頬を叩きつけた。夫と暮していた時は、喧嘩しても一度もそんなことはなかった。だが、その時は夫の顔を見るや否や、自ずと手が出た。息子を放り出して迷わせただけでも足りず、虐待までしたと思うと堪忍袋の緒が切れた。だが私には息子を育てる余力がなく、すぐに連れて帰ることもできなかった。ある程度生活基盤を整えてから、息子を連れ戻して育てようと考えた。

ところが、商売でも何でも元手になるお金が必要だ。だが、お金を貯めるどころか、生計を立てることも容易でなかった。人間関係や慶弔事を顧みて整理する間もなく、生活だけにかかりきりだった。息子も引き取れず、そのうち便りさえ途切れてしまった。

ところが、長い時間が過ぎてある日戸籍を整理してみると、息子が再び戸籍に入っていた。すでに中年になった息子は妻を癌で亡くし、高校生の娘と一緒に暮しているという。今まで息子を捜せず、息子の前に出ることができなかったのは、申し訳ない気持ちが大きかったからだ。暮しが大変で自分の体ひとつ処するのにも手に余るからと、母としての道理を尽くせなかった事実は、息子から決して許してもらえないことだろう。

下の息子に希望を託して

下の息子は、さんざんつらい目にあって暗かった私の人生に、太陽の光のように現れた。下の息子ができた後、私は自分が生きるためではなく、この子と生きるために過ごした。長男を手放した痛みが大きかっただけに、この子だけでも何としても自分で育てたかった。行商など、ずいぶんつらい仕事をしたが、子どもが大きくなるのを見て力を貰った。

順天で外国製品を売る商売をし、後に麗水から品物を運んで、ソウル南大門（ナムデムン）のトッケビ（おばけ）市場で売り始めた。その頃は外国製品の販売を政府が禁じており、外国製品を売っているのが警察に見つかると、すべて没収された。それで品物をおコメの中に隠したり、他の物に偽装したりして売るしかなかった。当時の女性たちには、日本製の化粧品をはじめ外国製の雨傘、日傘等が人気だったが、こういう物はおコメの中に隠し、洋服の服地等は蒲団のように頭に載せ、裏で売った。電車の中でも取り締まりが来たが、引っかからないように洋服を着たり韓服を着たり、変装して熱心に商売をした。しかし、預けるところがなくて、下の息子を3、4歳まで連れて商売した。

以後はソウルに定住して、のり巻き、おモチ、トウモロコシなどを東大門（トンデムン）平和市場の商人や近隣アパートの住民に売った。食べ物は美味しくないと売れないので、精米所にモチを注文したり、のり巻きを注文する時に、美味しくしてほしいと熱心に頼みこんだ。トウモロコシなどは、可楽市場（カラクシジャン）で一緒に売っている人たちと同じ釜に入れて直接蒸し、湯気がホカホカ立つトウモロコシを100個余り風呂敷に包み、すぐに頭に載せて商いに出かけた。主に電車で移動したが、日曜日もなしに駅の階段やエレベーターのない7階建てのアパート24棟を上り降りした。脚を休める暇もなく、行商で重い籠を頭に載せたからか、今は首をまともに支えられず、体のあちこちが痛む。

必死になってお金を貯めた。商売がうまく行ってお金が少し貯まっても、無駄に使うことなくいつも節約して生活した。おコメも必ず1升ずつ買った。下の息子に勉強させ、結婚させて一人前にするまでは、と歯を食いしばって働いた。また、そうするしかなかった。こうして熱心に働いたので、下の息子だけは純粋に私の力だけで育て、勉強させることができた。しかし、上等の服を着せたり、おいしい食べ物を与えることはできなかった。時々、あんなに優しい子が「お母さん、うちにはなぜ

金正珠さんとお孫さん（1998年10月25日）

キムチしかないの？ キムチばかり食べるからお腹が痛い」と言った。それを聞くたびに心が痛んだ。

そのように一生懸命暮らしてきたが、振りかえってみると、幸せに感じ満たされたと思う日は多くはなかった。毎日毎日、やっとのことで暮らしているだけで、何か楽しいことがあっただろうか。ただ疲れるだけだった。

ところが、息子が少し大きくなると、「お母さん、何を着たい? 何か欲しい? 」「お母さん、今度僕がお金をたくさん稼いだら、叔母さんと一緒に大事にするよ」と言う。それを聞いた時は実にうれしかった。骨を折って息子を育てた甲斐があったと感じた。

孫と共にする生活の喜び

下の息子は外国為替危機の前、共同経営者たちと清涼里（チョンヤンリ）（ソウル市東大門区）に店を構えた。ところが、商売がうまくいかなかったのか、共同経営者たちが手を引いてしまい、一人で切り盛りするのに苦労した。そしてしばらくして外国為替危機[31]がくると、窮地を切り抜けられずに破産してしまった。経済的に困難になると同時に、息子夫婦は破鏡を迎えた。息子には、ちょうど満一歳を迎えた子どもがいた。私にとっては孫になる。息子は孫を私に預けて、事業を立て直すのに必死だった。

---

[31] **外換危機**　外貨（ドル）が不足し、国家が経済的危機を迎える現象。韓国は1997年外換危機を経験したが、この時国際通貨基金（IMF）の支援を受けて克服した。そしてこの時期をIMF時期と呼んだりする。

孫は純真な性格だったので、育てるに苦労はなかった。ただ、母なしで育つ姿を見ると、心寂しくつらかった。当時の私は、お金を少しでも稼いで息子を助けたかった。それで、姉が1年ほど私に代わって孫を育ててくれた。孫は今も姉によくなついている。姉は、週に1度は私が暮す東大門の家まで孫を連れてきてくれた。

ある日、地下鉄を降りると、孫が先に立って、のそのそとついて行く私の手を引いてくれるようになった。3、4歳にしかならない子が家へ行く道をどのように覚えたのか、5階の部屋まで先に立って歩いた。それを見て、自分をどんなに慕っていたのかと思い、心が痛んだ。孫を姉に預けて出かける時、孫が私と別れるのを嫌がって泣いた。これを見た息子が私に「商売は止めて、ずっと子どもの面倒をみてほしい」と、切々と頼んだ。それで孫を再びわが家に連れてくることにした。

だからと言って、商売を止めて孫の世話だけをする自信はなかった。息子の事業が困難なのが明らかなのに、私まで休んだら家族全員路頭に迷うかもしれなかった。

モチを売って商いするには、明け方の4時、5時には家を出なければならない。精米所にその日に売るモチを早く注文しないと、新鮮なモチを売ることができないからだ。ところが夜明けに私が商いに出ると、家は孫一人になった。仕方ないので家を出る前に孫を起こすと、ドアを閉めるために眠たい目をこすりながら起きてきた。私が出かけたのを確

お孫さんと共に来日。富山県庁前噴水公園で、原発反対の座り込み参加者を前に発言（2011年10月28日）

認すると、孫は積んだレンガに上ってドアを閉めた。ドアノブのカギに手が届かないので、レンガを 2、3 個積んでおいたのだ。

孫が幼稚園に通う頃になっても私は商いに出かけたため、孫を幼稚園に連れていけなかった。7 時頃に私が電話をかけて孫を起こすと、自分で起きて顔を洗い、用意したご飯を食べ、服を着て家の前にある幼稚園に通った。幼い子が電話一本で起きて一人で幼稚園に行くことは、口では簡単だが、実際は難しいことだ。環境が子どもをそうさせたのだろう、孫はこのように幼くして分別がついた。たまに商売が遅く終わる日は、夜遅くまで先生方が預かってくれたりした。先生方には申し訳なかったが、食べていくには仕方なかった。幸いそのつど先生方が理解してくれ、孫が幼稚園でも「しっかりしていて優しく振舞う」と、可愛がってくださった。

「私はあなたに会うために 70 年間待ち続けた」

日本に裁判で出かけた頃は、韓国では誰もこの問題に関心がなかった。むしろ日本で市民運動をする人たちが私たちの事（植民地時代のあってはならない事件）に関心を持ち、助けてくれた。その人たちは、私たちが不二越を相手に裁判に行くと、日本に行く飛行機代とホテルの宿泊費などをほとんど負担してくれた。

韓国の国会議員たちは、日帝による被害者たちが日本へ訴訟に出かけていることすら知らなかったし、私たちの事にまったく無関心だった。それでこの事に関心を持ってもらおうと、勤労挺身隊の被害者たちが国会前で 1 週間「未払い賃金を支払え」とデモをした。

国会議員の中には、今では関心を示してくれる人も多くなったが、数年前までは警備員に首根っこを掴まれて、国会の建物から引きずり出されたこともある。こうやって抗議などして逮捕されないかと、いつも不安で怖かった。

不二越は毎年２月に株主総会を開く。株主は、総会に出席して社長に直接意見が言える。私も株主となって総会に参加した。私はずっと手をあげ続け、指名されるのを待っていた。

株主総会出席後、卒業証書を手に記者会見
（2013 年２月 20 日）

「あなたに会うために私は 70 年間も待ち続けた」「最も勉強すべき年頃に強制的に連れてこられ、不二越で働かされた。その上、賃金を一銭も払ってもらえなかった」と話した。その日、私は国民学校の卒業証書を持参していった。日本へ動員されたせいで国民学校を卒業する時にもらえず、後になってやっと手にした卒業証書。私が勉強したかった時に工場で働かされた証拠として持っていったのだった。

こうしている間も、息子は、私が勤労挺身隊被害者として裁判のために日本と往き来していることを知らなかった。息子が心を痛めないかと思い、私が過ごして来たつらい歳月を息子に教えていなかったからだ。

2003 年から 2011 年まで、不二越に動員された被害者たちと一緒に裁判が開かれるたびに日本に行った。日本と韓国のあちこちに足を運び、日本政府と不二越に対して大きく批難の声を上げ、謝罪と補償を要求し、熱心に活動した。そのたびに、当時味わった苦痛をそっくりそのまま思いだし、つらくて心の中に半世紀も抱えていた悔しさがこみ上げた。そして、日本に動員されたせいで失った人生に対する悲しさと悔しさで泣くことも多かった。

それでも、日本と韓国で私たちを助けてくれた多くの人のおかげで、そして同じ苦痛を味わった被害者同士互いに寄り添って、今日ここまで来た。ところが、このように共に生きてきた人の多くが 90 歳過ぎの高齢になり、病床に伏せったり亡くなったりしている。先に世を去った人たちのことを考えると心が痛む。一日も早く解決の時が訪れ、つらい思いをして日本に往き来して闘ってきた甲斐があってしかるべきなのに…。

こじれた結び目が一日も早く解けるように

孫が小学校に通っていた頃、文井洞（ムンジョンドン）（ソウル市松坡区）の始興（シフン）アパートに引っ越して息子と一緒に暮らした。私は 70 歳位だったが、その頃は行商を止め、息子と孫の面倒だけをみていた。

孫は今、学費を工面するために専門大学を休学し、アルバイトをしている。安定した職業を得るにはもっと勉強して大学まで卒業しなければならないが、心配だ。孫は私に「お小遣をくれ」と言ったことが一度もなく、自分に必要な物は自分で稼いで遣り繰りしている。貧しい環境の中で育った孫は、自分の父や私を恨まず、逆に心配をしてくれる。思慮深く、本当に優しい子だ。困難な環境の中でも孫はまっすぐ育ったようで感心するし、ありがたくもある。

少し前、眩暈がして吐き気さえもよおし、病院に運ばれた。その時、孫は私が生活した日本に行く予定になっていたが、いろいろ悩んだ末、私を世話する人がいなくて行けなくなった。私の病気のせいで孫の足手まといになり、今でも申し訳なく思っている。孫に多く頼ってしまう。それなのに、孫に何もしてやれなくて心痛むことが多い。今住んでいる家も私のものではないので、私が死ねば孫の居場所がなくなる。不二越から強制徴用の被害賠償金でももらえれば、孫にちゃんとした部屋でも与えることができるが、なかなか解決されない。やたら引き延ばされるのでもどかしい。

文大統領と一緒に撮った記念写真を手に取る金正珠さん。食卓には薬の袋がたくさんある。

今までは孫が自分の力で何とか問題を克服してきたが、これからもそうなのかと思うと、心が重くなる。もし孫に何か言いたいことがあるかと問われれば、「生きていて体験する困難は、自分の力と意志で克服できる。しかし一度結ばれた縁を切るのは難しく、間違った縁に巡り合うと人生が困難に陥る」ということだ。したがって、人と付き合う時は外見より性格を見なければならない。孫が善良な女性と出会って幸せに暮らしてくれたらと思う。そして、健康でないとやりたいことも成し遂げられず幸せになれないので、まず身体に気をつけてほしい。

韓国政府は強制動員の生存被害者に、年に一度医療費支援の名目で80万ウォン(約8万円)支給してくれている。腎臓病と神経疾患があり、脚も不自由で手も震える。幸い、まだ料理も作れて洗濯もできるが、体が不自由なので生活するのに困難なことが多い。日本政府と不二越が早く賠償してくれればこんな困難が解決されるのに、まったく終わりが見えなくて苦しいばかりだ。

幼い齢でだまされて日本に連行された後、私の人生はすべてがおかしくなり、こじれてしまった。もういくらも残っていない人生だが、このこじれた結び目が、一日も早く解けたらいいと思う。

もう堂々と顔を上げて、晴れやかに自分をさらけ出して話したい。

金正珠　年譜

1931		8月2日　全羅南道順天生れ
1939	8歳	4月1日　順天南公立尋常普通学校（のちの順天南国民学校）入学
1944	12歳	5月末　姉の性珠が日本の名古屋三菱工場に動員
1945	13歳	2月末　卒業を一ヶ月余り前にして、富山県不二越鋼材工業に動員
		8月解放/ 10月帰国
1949	18歳	結婚
		離婚、以後行商等をしながら息子を育てる
2003	71歳	4月1日　富山地方裁判所に、不二越と日本政府を相手取り損害賠償請求訴訟を提起
2007	76歳	9月19日　富山地方裁判所、原告の請求棄却判決
2008	77歳	12月4日　63年ぶりに順天南初等学校で卒業証書授与
2010	78歳	3月8日　名古屋高等裁判所金沢支部、控訴棄却判決
		10月17〜24日　不二越東京本社・富山行動に来日
2011	80歳	10月24日　最高裁判所、上告棄却(最終敗訴)
		10月28日　富山を訪問して記者会見
		10月31日 不二越正門前行動
2013	81歳	2月14日　韓国ソウル中央地方法院に、不二越を相手に損害賠償請求訴訟を提起
		2月20日　不二越株主総会に出席
		11月26日　富山を訪問し不二越正門前行動
2014	82歳	3月25日　ソウルで原告団会議
		10月30日 ソウル中央地方法院で1審勝訴
2018	86歳	5月31日　原告団会議、大法院前で記者会見
2019	87歳	1月18日　ソウル高等法院、2審も勝訴
		現在、韓国大法院で事件係留中／仮執行の手続き進行中
		3月14日　原告団会議、KNBテレビ（北日本放送）が取材
		9月5日　チューリップテレビが取材
2020	89歳	12月　『記憶の本』出版

推薦の辞

恨（ハン）を解く！

戦時下、強制動員被害者である勤労挺身隊ハルモニの存在を「発掘」してから35年余りの歳月が流れました。この間、私たちは、調査、証言聞き取り、東南海地震犠牲者追悼記念碑建立、提訴に向けた弁護団との共同作業、名古屋地裁への提訴と訴訟を支援する会の立ち上げ、地裁・高裁・最高裁での裁判闘争と判決、金曜行動の開始、勤労挺身隊ハルモニとともにする市民の会の結成と名古屋との連帯、三菱重工との協議、韓国大法院判決（2012年5月）、光州（クァンジュ）地方法院への提訴＝韓国での裁判闘争開始とその支援、大法院判決（2018年11月）などの歴史を刻んできました。この間に金福禮（キムボンネ）さん、金恵玉（キムヘオク）さん、陳辰貞（チンジンジョン）さんと遺族原告の金中坤（キムジュンゴン）さんの4人は解決を見ずに無念を抱いたまま、帰らぬ人となりました。名古屋訴訟の生存原告のうち、梁錦徳（ヤンクムドク）さん、金性珠（キムソンジュ）さん、朴海玉（パクヘオク）さんは、いずれも90歳を超えました。その3人のうちの一人、朴海玉さんは、会話が不可能なほど心身が衰弱した状態です。本書に登場する梁錦徳さん（91歳）、金性珠（91歳）・金正珠（89歳）姉妹ハルモニの3人は、比較的「元気」で、力を振り絞ってこれまでの「追憶」を語っています。私たちは、ハルモニについて知らない事はないと思うほど長年にわたってハルモニとお付き合いし、多くの証言を耳にし、姿を目にしてきました。

しかし、今回の「自叙伝」原稿を読み、ハルモニのさらに深い生き様を見ることができたと思います。ご本人を取り巻く両親、祖父母、兄弟姉妹、叔父・叔母、そして夫婦、友人などと織りなす悲喜こもごもの出会いと別れが「思う存分」語られています。そして、帰国数年後に「彼女」らを襲った韓国動乱（朝鮮戦争）の災禍など、息つく暇もなく展開されるハルモニらの人生。誰が、ハルモニの青春と人生を奪ったのかということを、本書は加害国の住民、私たち市民に鋭く問いかけます。

今回、「市民の会」と李洋秀（イヤンス）さんのご厚意によって日本語版が出版されることになり、当初から本件に長く関ってきた私たち二人が、「発刊に寄せる辞」を書く、重責を担うことになりました。そこで、本書にも言及されていない梁錦徳さんと金性珠さんの「エピソード」を紹介します。

1998年12月7日（東南海地震から54年目の日）提訴を前にして原告予定者である梁錦徳ハルモニと金恵玉ハルモニの二人が、三菱重工業名古屋航空機製作所で公式謝罪を求めて直接交渉に臨みました。梁錦徳ハルモニは、「私が要求しているのは次の2つです。1つは、純真な子どもを騙して不当な労働を強要したことに対する謝罪です。もう1つは、私たちに支払われなかった賃金を、現在の貨幣価値に換算して支払うことです。この2つを聞き入れていただけなければ、私は決して引き下がれません。」と結びました。しかし、対応した三菱重工総務部の担当者は「資料が見つからない」「訴訟を前提にした議論。解決の交渉には応じられない」の一点張り。その態度に業を煮やした梁錦徳ハルモニは、故金恵玉ハルモニとともに、三菱重工担当者に「あなたたちは血も涙もないのですか」と激しく迫りました。交渉決裂をもって原告、弁護団、支援者は、訴訟を決断したのです。

やや遅れて原告となった金性珠さんは、名古屋高裁結審法廷（2006年12月6日）で、「日本政府と三菱の謝罪がとれなければ死ねないと思います。私たちには時間がありません。私たちの恨を子どもの代、孫の代まで伝えなければなりません。私たちの恨を十分に考慮して納得のいく判決を出されることを願います。」と陳述しました。このときの金性珠ハルモニの切々たる陳述は、同法廷で「過去に犯した過ちよりも、そのことを悔い改めないことの方が罪は重い」と陳述した金中坤さんの陳述と共に、法廷を震撼させました。

金正珠さんについては、富山不二越訴訟の原告被害者ですから前記のお二人のような「エピソード」を私たちは知りませんが、「本書」を通して、「お姉さん」とは違った雰囲気の金正珠さんが、「二人が一緒にいられる幸せ」を奪った日本国家の犯罪の重さと深さを痛感しました。

2006年、ソウルのホテルのロビーではじめてお会いして以来、何度もお会いしましたが、シャキシャキとして行動していた金正珠ハルモニさんにして最近は高齢による体調の不調を訴えられていると聞きます。まさに時間はないのではなく、原告ら被害者の死去と共に、時間の限界点を超えているのです。一刻も早い解決とお三方及び朴海玉さん、生存被害者ハルモニすべての皆さんのご長命を衷心より祈念します。

名古屋三菱・朝鮮女子勤労挺身隊訴訟を支援する会
高橋信、小出裕
名古屋三菱・朝鮮女子勤労挺身隊訴訟弁護団
岩月浩二

勇敢な金正珠さんを記憶して

「これは味噌汁にしたら美味しいんだよ」と、空地で摘んだヨモギで作ってもらった味噌汁やキムチは最高に美味しかった。料理上手な金正珠さん。時間があると私の畑で野菜を収穫し、キムチやエゴマの醤油漬けなど、いろいろな料理を教えてもらいました。来日の度に事務所で雑魚寝して、皆で自炊した合宿のような生活を懐かしく思い出します。

金正珠さんたち原告とともに激しく闘った日々は、私たちにとってかけがえのない貴重な経験です。私たちが韓国に行くと、支援会の財政に余裕がないことをよく知っていて、自宅に泊めてくださいます。

金正珠さんと初めてお会いしたのは 2001 年、一次訴訟(日本訴訟)の「和解」の後、同様の被害に遭った元不二越勤労挺身隊の方々が、韓国の支援者たちと共に不二越に面会を求め、十数名で来日した時でした。はるばるやって来た彼女たちに対して、不二越は門を固く閉ざしました。その時、金正珠さんが自分の背丈よりも高い塀によじ登って抗議していた姿を今も鮮明に覚えています。それから 20 年間、裁判、富山不二越門前、株主総会、東京本社、国会議員との面談、そして韓国の外交通商部、日本大使館前、大法院前…、闘いの現場にはいつも小柄な金正珠さんの姿がありました。彼女は、現場では誰よりも勇敢な闘士となります。

原告団 5 人が来日し、不二越東京本社訪問と国会議員との面談を予定していた時のことです。不二越本社は汐留住友ビルの 17 階にあります。ビルには多くの企業やホテル、レストランが入っています。当日は厳重な警備で、17 階に通じるエレベーターは全て止められていました。不二越は 17 階フロアのシャッターを下ろし、対応をビルの警備に丸投げにしていました。

私たちはビルの入口で抗議集会を行いました。集会後、国会へ移動しようとしたら、金正珠さんの姿がありません。警備員が私たちに注目している間に、彼女は私たちと警備員の隙をついて、一体どう行ったのか、17 階までたどり着いたのです。そしてその場に座り込み、シャッターを下ろした不二越に向かって、床を叩きながら大きな声で弾劾しました。彼女の声は全館に響き渡っています。警備員たちはパニック状態に陥りました。他の原告は予定通り国会議員との面談に向かいましたが、金正珠さんは「社長と会うまで死んでも帰らない！」と、そのまま不二越を弾劾し続けました。そして戻った原告たちと合流し、翌日、富山不二越での面会を約束させたのです。彼女の「命をかけて闘う」ことを体現するエピソードのひとつです。

その彼女も今は 89 歳となり、手押し車が必需品です。パーキンソン病による手の震えも年々ひどくなっています。あまりにも長い時間が経ちました。

これまで、韓国でも女子勤労挺身隊の存在はほとんど知られていませんでした。金正珠さんは、自分の大切な孫に不二越や自分が富山でどんな活動をしているのかを見てほしいと思っておられ、2011 年、お孫さんと一緒に来日しました。期せずしてその直前に最高裁棄却決定が出され、緊急弾劾行動を行うことになりました。

お孫さんには記者会見や集会に参加してもらい、韓国の留学生やフリースクールの学生たちとの交流も持ちました。金正珠さんがお孫さんを目の中に入れても痛くないほど可愛いがっていること、そしてお孫さんも彼女をとても敬愛しているということが、見ていてよくわかりました。高校生だった彼も今では成人し、日本語を学んで私たちとの意思疎通を手伝ってくれます。

昨年、彼女ら女子勤労挺身隊の自叙伝が韓国の支援者と多くの市民の尽力によって出版されました。韓国の若い世代が、「歴史を記憶する」活動を熱心に取り組んでいます。しかしこれは本来、加害国の日本でこそしなければならないことです。一人でも多くの方にこの本を読んでほしいと思います。

戦争の犠牲となった人一人ひとりに人生があります。被害を受けた人々の傷は今も癒されていません。彼女たちの苦労の原因は、日本による侵略と植民地支配にあり、今日まで責任を取ってこなかった日本にあります。そうした政府を支え加担しているのは、取りも直さず私たち日本人であるということを肝に銘じなくてはならないと思います。

30 年に及ぶ裁判闘争の過程で多くの原告たちが亡くなりました。そして私たち連絡会においても、結成にかかわった「在日」の方々や、彼らと共に闘った､戦争を体験した世代の多くがすでにこの世を去りました。

残された私たちは、亡くなった方々の遺志を引き継ぎ、彼女たちの言葉を心に留め、更に努力したいと思います。

不二越強制連行・強制労働訴訟を支援する北陸連絡会

中川美由紀

３人のハルモニを心から尊敬して
―　知ってほしい朝鮮人女子勤労挺身隊のこと　―

関釜裁判の原告だった梁錦徳さんと第２次不二越訴訟の原告・金正珠さんはどちらもパワフルで裁判にかける思いがひときわ強い方たちです。

私たちは、下関で広島で金沢で、日本の裁判所の判決に対する、彼女たちの怒りの爆発を見て来ました。言葉にならず、言い尽くしていない思いを、体を捩り床に打ちつけ、泣き叫び、抗議していた、彼女たちの姿を思い出します。

そして、この本を読むとその言葉にできなかった悔しさや怒りが、どれほどのものであったのかが良く分かります。

朝鮮人女子勤労挺身隊の方々が被った被害と戦後に増幅された被害は、日韓両国民にあまりにも知られていない事実です。関釜裁判の不二越の挺身隊原告の朴小得（パク ソ ドゥク）さんは「慰安婦と間違われて嫌というより、韓国で本当の意味で、挺身隊がこういうことを強いられたということを、理解されていないことの方が悔しい」と生前語っていました。彼女たちが味わった苦しみの実態を多くの人々に知って欲しい。多くの方々にこの本を読んで欲しいと強く思います。そして、このように自叙伝として残して頂いた光州の勤労挺身隊ハルモニと共にする市民の会の方々に深く感謝します。

誇りを踏みにじられ、傷つきながら、ひっそりと生き・逝ってしまった、多くの挺身隊被害者たち。共に闘いながら、韓国社会で偏見が取り払われる日を見ることなく、無念のうちに亡くなった仲間たち。彼女たちの思いを背負って今も奮闘しておられる、この本の三人の主人公を心から尊敬します。

戦後責任を問う・関釜裁判を支援する会
花房恵美子

資　料

写 真 集　名古屋三菱訴訟　梁錦徳さん・金性珠さん
　　　　　不二越訴訟　金正珠さん

団体紹介　勤労挺身隊ハルモニと共にする市民の会
　　　　　名古屋三菱・朝鮮女子勤労挺身隊訴訟を支援する会
　　　　　※名古屋高裁判決について
　　　　　不二越強制連行・強制労働訴訟を支援する北陸連絡会

<名古屋三菱訴訟　梁錦徳さん・金性珠さん>

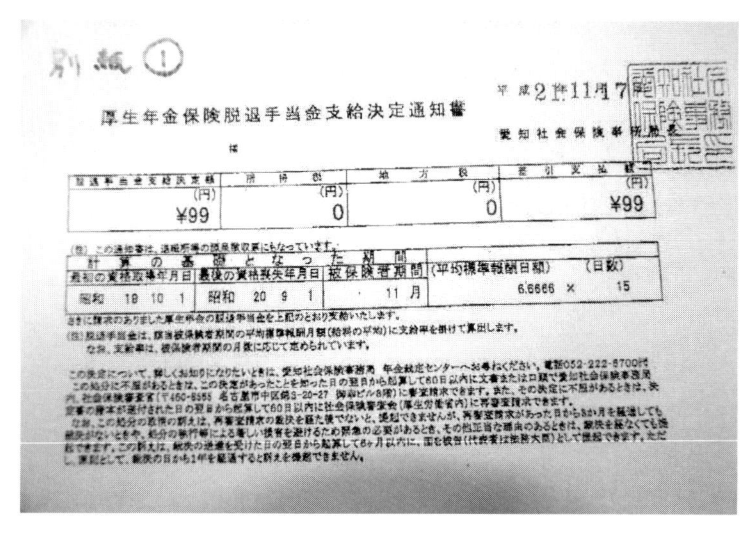

別紙①

平成21年11月17日

厚生年金保険脱退手当金支給決定通知書

愛知社会保険事務局長

様

脱退手当金支給決定額	所得税	地方税	差引支払額
(円) ¥99	(円) 0	(円) 0	(円) ¥99

(注) この通知書は、退職所得の源泉徴収票にもなっています。

計算の基礎となった期間			
最初の資格取得年月日	最後の資格喪失年月日	被保険者期間	(平均標準報酬日額)　(日数)
昭和　19　10　1	昭和　20　9　1	11 月	6.6666 ×　15

さきに請求のありました厚生年金の脱退手当金を上記のとおり支給いたします。

(注) 脱退手当金は、該当被保険者期間の平均標準報酬月額（給料の平均）に支給率を掛けて算出します。
なお、支給率は、被保険者期間の月数に応じて定められています。

梁錦徳さんの厚生年金保険脱退手当金「99円」支給決定通知書。（2009年11月17日）

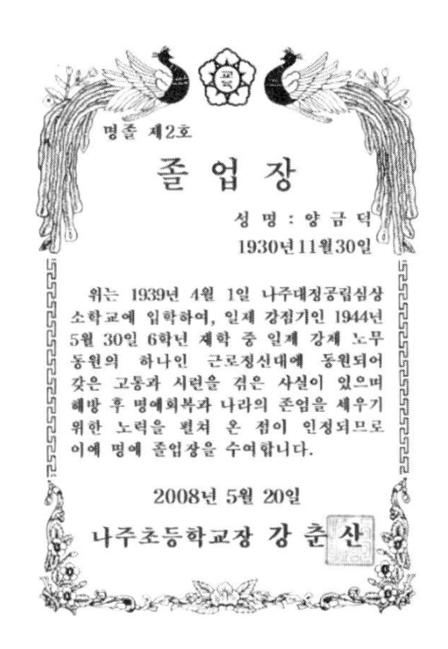

명졸 제2호

졸 업 장

성 명 : 양 금 덕
1930년11월30일

위는 1939년 4월 1일 나주대정공립심상 소학교에 입학하여, 일제 강점기인 1944년 5월 30일 6학년 재학 중 일제 강제 노무 동원의 하나인 근로정신대에 동원되어 갖은 고통과 시련을 겪은 사실이 있으며 해방 후 명예회복과 나라의 존엄을 세우기 위한 노력을 펼쳐 온 점이 인정되므로 이에 명예 졸업장을 수여합니다.

2008년 5월 20일

나주초등학교장 강 춘 산

（写真左）64 年ぶりに発行された梁錦徳さんの卒業証書。
（写真下）国民学校卒業後、64 年ぶりに卒業証書を受け取り、喜ぶ梁錦徳さんの姿。
（2008 年 5 月 20 日）

三菱重工大江工場。垂れ幕に「決勝一路　安全生産」「…等ノ生産ハ國運ヲ決ス　…生産戦ニ勝チ抜カン」とある。

愛知県庁前での記念写真（61 人）　（1944 年 6 月）

名古屋地裁に訴状を提出するため、童謡「お手々つないで」を歌いながら行進する５人の原告と弁護団、支援する会会員。（1999 年３月１日）

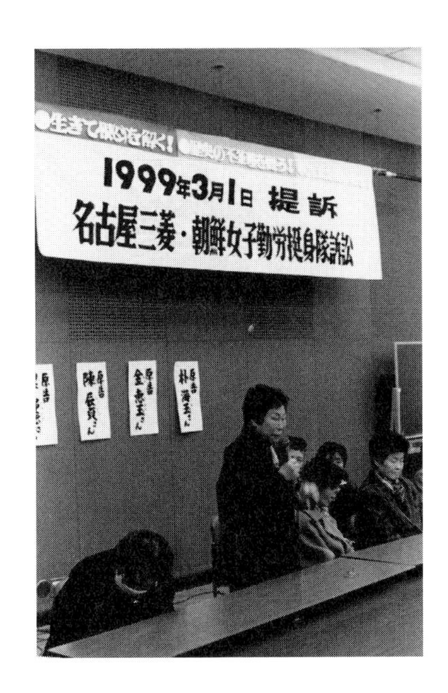

名古屋地方裁判所に提訴する記者会見の席で、梁錦徳さんが発言している。左から李東連、梁錦徳、陳辰貞、金恵玉さんの姿が見える。（1999 年３月１日）

名古屋地方裁判所に提訴する記者会見の席で、内河惠一弁護団長が発言している。金恵玉、朴海玉さんの姿が見える。（1999 年３月１日）

旧工場跡にあった殉職碑前で。左から原告朴海玉、金性珠、金恵玉、梁錦徳、陳辰貞、李金珠太平洋戦争犠牲者光州遺族会会長。（2002 年６月 12 日）

「名古屋三菱・朝鮮女子勤労挺身隊訴訟を支援する会」は、「愛知・県民の手による平和を願う演劇の会」と共催で「ほうせん花—朝鮮女子勤労挺身隊—」を公演した。劇の終幕に登場した原告を紹介する場面（2003 年 8 月 23 日）

「オソオセヨ」。日本の支援団体「名古屋訴訟支援会」は、原告たちが日本を訪問するたびにすべての滞在費と航空料金を負担した。名古屋地方裁判所結審裁判のために日本を訪問した原告たちを歓迎するために、横断幕を持って空港に出迎えにきた「名古屋支援会」の会員たち。（2004 年 10 月 6 日）

光州を訪れた「名古屋訴訟弁護団」と「名古屋訴訟支援会」。原告の梁錦徳さん、李金珠太平洋戦争犠牲者光州遺族会長と裁判関連の話をしている。（2005 年 7 月 30 日）

1 審宣告裁判を傍聴するため原告たちと共に名古屋地方裁判所へ向かう道で、多くの市民たちが応援と激励を送っている。（2007 年 5 月 31 日）

名古屋高裁の請求棄却判決後、嗚咽する梁錦徳さん。
（2007 年 5 月 31 日）

光州 YMCA で記者会見を持ち、三菱の自発的責任履行を促している。<勤労挺身隊ハルモニと共にする市民の会>はこの日結成された。
（2009 年 3 月 12 日）

日本政府が厚生年金脱退手当金 99 円を支給して被害者を侮辱したにもかかわらず、李明博政権の対応が生ぬるいと、外交通商部に抗議する原告たち。(2010年1月26日)

細川律夫厚生労働副大臣(当時)執務室を訪れ、99 円を突き返す梁錦徳さん。(2010 年 2 月 24 日)

東京での三歩一拝デモ。22 人の遠征団が品川駅から三菱重工本社前まで三歩一拝。（2010 年 6 月 23 日）

「勤労挺身隊ハルモニと共にする市民の会」会員たちが、謝罪を促す光州など韓国国民 134,162 名の署名簿を日本内閣府関係者に渡している。（2010 年 6 月 23 日）

三菱重工業と歴史的な最初の交渉がある日、三菱重工業本社へ出発するに先立ち、金性珠、梁錦徳さんと記念撮影をしている。（2010 年 11 月 8 日）

厚生年金脱退手当金「99 円」の違法性を訴えた再審請求審理終了後、原告、市民の会、名古屋弁護団・支援する会のメンバーが「イギジャ（勝とう）!」とシュプレヒコール。（2011 年 6 月 22 日）

「10 万希望リレー達成報告大会」。光州から始まった運動が国民的熱気に力を得て、光州を飛び越え全国的に広がった。当初の目標 10 万名をはるかに超え、約 12 万 8000 人あまりが闘争基金を共にした。（2011 年 12 月 17 日）

三菱重工業を相手取って提起した最初の裁判が行われる日、名古屋弁護団・支援の会会員たちが原告たちと共に横断幕を持ち、光州地方法院に向かっている。（2013 年 5 月 24 日）

光州地方法院結審法廷で原告の陳述を傍聴するために詰めかけた名古屋弁護団・支援する会、市民の会、光州の高校生ら。(2013年10月4日)

「ハルモニ、勝利は目の前です」。高等法院で勝訴後、開かれた報告大会。(2015年6月24日)

名古屋訴訟支援会が主催する行事に参加するため名古屋を訪問した市民の会会員たちが、東南海地震犠牲者追悼式に参加した後、追悼碑の前で記念撮影。（2015 年 10 月 10 日）

名古屋の訴訟をまとめた資料集『法廷に刻む真実』の出版記念会を終え、集う原告、市民の会、青少年交流で名古屋を訪問した高校生、名古屋弁護団・支援する会のメンバーで記念撮影。（2016 年 5 月 31 日）

名古屋三菱勤労挺身隊日本訴訟資料集出版記念会で、歌の途中、梁錦徳さんが聴衆の前へ出て楽しく踊っている。（2016 年 5 月 31 日）

支援会高橋信共同代表が京畿道安養市に住む金性珠さんを訪ね、久しぶりにうれしい時間を持っている。（2017 年 3 月 17 日）

光州を訪問した「名古屋訴訟弁護団」と「名古屋訴訟支援会」会員たちが梁錦徳さんと李東連さんを訪ねた。どんな話が行きかったのか、皆満面の笑顔だ。（2017 年 12 月 8 日）

「われわれが勝った！」大法院で最終勝訴した。5 人の原告のうち、宣告を聞けたのは金性珠さん一人だった。（2018 年 11 月 29 日、ソウル弁護士会館）

「正義はついに勝利する」。多くの市民たちが参加する中、韓国大法院勝訴を歓迎する報告大会が光州で開催された。（2018 年 12 月5日）

寺尾光身名古屋訴訟支援会共同代表が、金曜行動 500 回目を迎えて外務省前で早朝出勤途中の外務省職員と市民たちにビラを配っている。
（2020 年 1 月 17 日）

矢野秀喜「強制動員問題解決と過去清算のための共同行動」事務局長が三菱重工業東京本社前で大法院判決早期履行を促している。この日 500 回目の金曜行動を迎え、全国各地から連帯して参加した。（2020 年 1 月 17 日）

内河惠一名古屋訴訟弁護団長が、500 回目の金曜行動を迎え、外務省前で韓国大法院判決の速やかな履行を促している。（2020 年 1 月 17 日）

500 回金曜行動を終えた韓日市民交流会場で、韓日 2 名の民衆歌手の公演に鼓舞され参加者たちが立ち上がり、共に歌っている。（2020 年 1 月 17 日）

交流会を終えた後、韓国と日本の両市民団体会員たちが闘争を誓い「イギジャ（勝とう）」とシュプレヒコール。（2020 年 1 月 17 日）

<不二越訴訟　金正珠さん>

氏名 金正珠

金光明子

生年月日 昭和六年八月二日

住所 順天邑大手町

本籍 順天邑大手町

入學年月日 昭和13年四月一日

保護者 氏名 金基[illegible]　金光輝明

住所 順天邑大手町

本籍 順天邑大手町

職業 農業

無　無

[illegible]

257 1583

金正珠さんの順天南公立国民学校1945年2月の『生活記録簿』 表紙と写本。（右下写真）生活記録簿には、「富山縣不二越製鋼会社ニ女子挺身隊員トシテ入隊ス」とある。

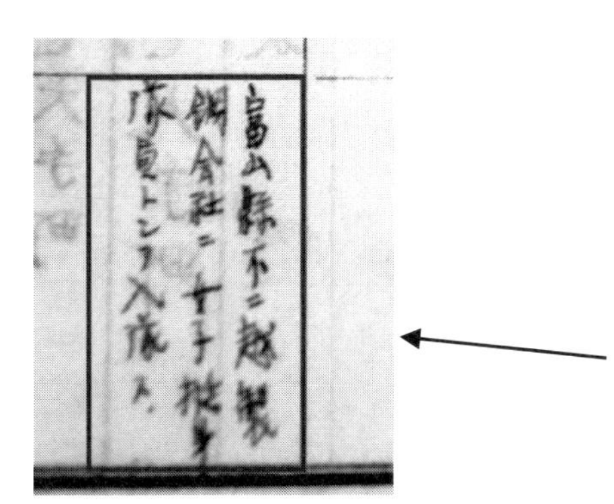

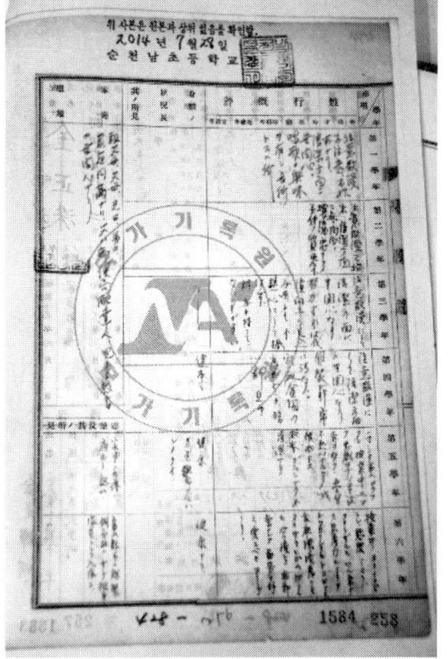

旋盤作業。不二越側が裁判で提出した証拠写真。

1945 年 3 月、強制動員された子どもたちの集合写真。不二越社内にある神社の前にて。写真提供 李慈順さん。

提訴を前に、不二越正門前にて撮影。左から２番目金正珠、李慈順、崔姫順、羅花子、安喜洙、李福實、全玉南さん。（2003 年４月１日）

陳述書作成のため原告 16 人から聞き取り。春川の「太平洋戦争韓国人犠牲者遺族会」事務所にて。最後列に金景錫さん、前から２列目の左から４人目が金正珠さん。（2003 年 12 月）

控訴審判決に臨む原告と支援者たち。左から金正珠、金明培、柳賛伊、安喜洙さん。横断幕を持つ左が漆崎英之、右が渡部敬直連絡会共同代表。名古屋高等裁判所金沢支部。（2010年3月8日）

不当判決に抗議する金正珠さん。警察が導入され、原告の両手両足を持って強制排除した。

控訴審判決翌日、雪の中、不二越門前で抗議行動。前列左から山田昭次、堀口尚、柳賛伊、全玉南、安喜洙、金正珠、崔姫順、金明培、花房恵美子さん。（2010年３月９日）

七尾中国人強制連行訴訟原告が参加し、金正珠さんと握手し激励した。（2010年３月９日）

最高裁棄却弾劾緊急記者会見。左から金熙庸「市民の会」共同代表、金正珠さん、宋勇さん。（2011 年 10 月 28 日）

提訴書類をソウル中央地方法院に提出。（2013 年 2 月 14 日）

韓国提訴後、富山で初の記者会見。株主総会に参加した報告をする金正珠さん。（2013 年 2 月 20 日）

不二越正門前行動後、来日した金正珠さん、崔姫順さんと「市民の会」、全国から集まった仲間たち。（2013 年 11 月 26 日）

富山市文珠寺・不二越地下工場跡見学。トンネルの中に入って、入口で取材を受ける金正珠さん。（2013 年 11 月 27 日）

砺波市庄川町三菱重工・雄神地下工場見学。澤田純三さんから説明を受ける。その右は通訳の李洋秀さん。
（2013 年 11 月 27 日）

ソウル地方法院に入廷する原告たち。左から全玉南、金正珠、金啓順さん。後列左から安喜洙、金玉順、李福實さん。（2014 年 10 月 30 日）

記者会見には北陸連絡会と花房夫妻も参加。前列左 2 人目から金保俊、李慈順、金正珠、金玉順、金啓順さん。（2018 年 5 月 31 日）

「市民の会」会員たちがソウルの金正珠さん宅を訪ねた。
（2017 年 11 月 11 日）

金正珠さん宅を訪問してインタビューをする大学生。後ろでチューリップテレビが取材している。（2019 年 9 月 5 日）

＜団体紹介＞

勤労挺身隊ハルモニと共にする市民の会

歴史の痛みを一歩遅れて悟り、被害者の手を握って

「日本だけを非難することはできない。日本の良心的な市民たちが被害者のおばあさんを助けている時、私たちは何をしていたのか。こんな裁判があるのか、ないのかさえ知らずにいたことが恥ずかしい。」

2008年11月日本の最高裁判所は三菱重工業に動員された勤労挺身隊被害おばあさんが日本政府と三菱重工業を相手に起こした損害賠償訴訟の上告を最終的に棄却した。この事実が知られると、一歩遅れたと申し訳なく思う人たちがいた。この間、この問題に無関心だったことに対する自責感だ。一人、二人と志を共にする人が集まった。2009年3月12日「勤労挺身隊ハルモニ（おばあさん）と共にする市民の会」（以下、「市民の会」）は韓国の光州（クァンジュ）でこのように出発した。

「市民の会」は日本軍「慰安婦」の陰に隠れて、その間疎外されてきた「勤労挺身隊」問題を韓国社会に知らせようと力を注いだ。光州に事務所を置いているが勤労挺身隊問題に関する限り、韓国で全国的に活動して来た。現在の後援会員数は約900人になる。

市民・学生が多様に参加...韓国大法院で勝訴を勝ち取る

「市民の会」は、より多くの市民が参加することに、主眼を置いた。三菱自動車が2009年9月光州展示場を開設するや、10月から三菱の謝罪と賠償を促して、208回にわたり1人デモを展開した。市民の糾弾の雰囲気の中、三菱自動車は韓国で初めて2010年11月、光州展示場から撤収せざるを得なくなった。

厚生労働省社会保険庁が一部の勤労挺身隊被害者に厚生年金脱退手当て99円を支給すると、再び糾弾の声が高まった。韓国全域で13万5千人余りが抗議署名運動に参加し、この署名は2010年6月三菱重工業と日本政府の内閣府に直接手渡された。この頃三菱重工業は、戦後初めて強制連行問題と関連して、被害者側と交渉の席に出て来た。2010年11月から2012年7月まで16回、公式的な話し合いの場を持ったものの、残念だが交渉は最終的に決裂した。

「市民の会」は日本政府と加害企業の賠償責任を優先するとしても、この問題

とは別個に、韓国の地方自治体が年老いた被害者を支援すること方案を探し始めた。2012 年 3 月には全国で初めて、「光州広域市日帝強制占領期間女子勤労挺身隊被害者支援条例」が制定されたのを皮切りに、2021 年現在、関連支援条例は全南（チョンナム）、ソウル、京畿（キョンギ）、仁川（インチョン）、全北（チョンブク）、慶南（キョンナム）など全国 7 つの地域に拡大し、施行中にある。

韓国で損害賠償訴訟を提訴できる道が開かれ、「市民の会」は日本での訴訟に参加した 5 人を原告に 2012 年 10 月、三菱重工業を相手に損害賠償訴訟を起こし、2018 年 11 月 29 日韓国の大法院（最高裁判所）で最終的に勝訴が確定した。

しかし安倍政権の下で、日本政府が韓国大法院判決に反発して韓日間の葛藤は最高潮に達し、日本政府は韓国半導体素材に対する「輸出規制措置」、これに対して韓国では日本製品の不買運動、日本企業の韓国内資産に対する差押え措置が続き、韓日間の葛藤は現在も持続している状況だ。

三菱重工業が韓国大法院の賠償命令履行を拒否している間に、原告 5 人のうち 2 人が死亡して、梁錦徳（ヤンクムドク）、金性珠（キムソンジュ）、朴恵玉（パクヘオク）さんの 3 人だけ生存している。この自叙伝の主人公が、まさにその人たちである。

「市民の会」は「民主社会のための弁護士の会光州支部」と共に、光州・全南地域強制徴用被害者を糾合して 2019 年と 2020 年、光州地方法院に日本企業 11 ヶ所を相手に訴訟を起こし、現在の係争中にある。

●「市民の会」が支援している訴訟は、次のとおりだ。（合計 98 人の訴訟を支援）

▲勤労挺身隊第 1 次訴訟：原告 5 人/ 2018 年 11 月大法院で最終的に勝訴

▲勤労挺身隊第 2 次訴訟：原告 4 人/現在大法院で係留中

▲勤労挺身隊第 3 次訴訟：原告 2 人/現在大法院で係留中

▲労務動員集団訴訟 1 次：原告 54 人/ 2019 年 4 月光州地方法院に提訴

▲労務動員集団訴訟 2 次：原告 33 人/ 2020 年 1 月光州地方法院に提訴

「市民の会」は被害者の訴訟を支援する活動の外にも▲韓国及び日本国内の日帝強制動員現場検証▲光州所在の小中高校生を対象にした勤労挺身隊の歴史教育▲日帝強制動員被害者を対象に口述収録及び教養資料出版など、多様な活動をしている。

（李國彦）

名古屋三菱・朝鮮女子勤労挺身隊訴訟を支援する会の足跡

1、訴訟前史

・朝鮮女子勤労挺身隊の存在を東南海地震犠牲者名簿（「三菱重工名古屋」提示）により知る＝1986/10

・東南海地震犠牲者追悼記念碑建立除幕式、韓国から勤労挺身隊被害者１名、東南海地震犠牲者遺族５名を招聘＝1988/12/4

・元朝鮮女子勤労挺身隊員梁錦徳さんら９名の連署（李金珠会長経由で）受領＝1995/7/31

・提訴打合会＝1997/12

・準備会結成＝1998/5

・弁護団結成＝1998/8

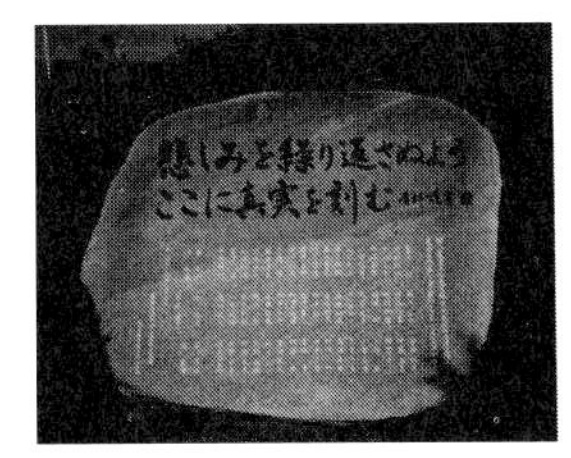

2、裁判闘争

・名古屋地裁提訴＝1999/3/1→判決 2005/2/24

・名古屋高裁判決＝2007/5/31

・最高裁決定＝2008/11/11

3、名古屋高裁判決後のたたかい

（1） 毎週金曜行動の開始＝2007/7/20　（三菱重工休業日を除き、品川駅港南口頭と本社前で宣伝行動）

（2） 社会保険庁（当時）は、厚生年金手帳を交付（2009/10/5）、脱退手当金（99円）を支給決定通知＝2009/11/7

（3） 三菱との協議開始、そして決裂

・三菱重工から協議に応じる旨の回答（日本語版と韓国語版）が FAX で届く＝2010/7/14

・協議開始により金曜行動は 2010/7/16 から中断：これまで 145 回

・協議開始から決裂へ＝第１回（2010/11/8）～第 16 回（2012/7/6）

三菱重工側の言い分：「２国間協定で解決済み。裁判で結論が出ている。したがって『原告に紐付く』金品は出せないが、未来志向で留学生支援資金なら出せる」

（4） 金曜行動再開＝2012/8/10：第 146 回～2020/1/17 で通算 500 回を達成（しかしコロナ蔓延により、2020 年３月より中断）

（5）光州地方法院提訴（2012/10/24）以後、開廷時には毎回光州かソウルに傍聴など連帯行動を継続

※光州地方法院勝訴判決（2013/11/1）→光州高等法院勝訴判決（2015/6/24）→大法院判決（2018/11/29）

〈まとめ〉

1、最高裁判決で運動を終わっていたら「市民の会」との連帯行動はなかった。（※）

2、「市民の会」の提案により、日韓青少年交流が2010年8月からはじまる。

（※）「名古屋と光州の連帯は不滅→名古屋と光州は同志だ→名古屋と光州は一つだ」という「名言」が光州から提起、変遷してきたように、交流と連帯行動を積み重ねる中で､名古屋と光州の関係は深まっていった。そしてその象徴として、光州「市民の会」の強力な推薦により、髙橋信と小出裕が、光州広域市から2017年9月14日、名誉市民証を授与された。また、同年12月8日、光州弁護士会から内河惠一、岩月浩二、長谷川一裕弁護士が「感謝牌」を授与された。

（髙橋信）

自叙伝出版にお祝いの挨拶を送った「支援する会」。前列左から髙橋信、小出裕、岩月浩二、平山良平。後列杉下芳松、前山邦雄（敬称略）。（2020年11月30日）

名古屋高等裁判所判決（2007年5月31日）について

名古屋高等裁判所２００７年５月３１日判決は、「女学校に行ける」等の欺罔によって勧誘して被害者らを勤労挺身隊に志願させ、日本に連れてきたのは「強制連行」であったと断定している。また、年齢に比べて過酷な労働であったこと、貧しい食事、外出や手紙の制限、給料の未払いなどの事情と志願に至る経過を総合すれば、「強制労働」であったとしている。そしてこれらは、勤労挺身隊動員が当時日本が批准していた強制労働に関する条約に違反すると認定した。

さらに判決は、こうした強制連行、強制労働は、「個人の尊厳を否定し、正義・公平に著しく反する行為といわざるを得」ないとして、日本国の不法行為責任の成立を認めた。また、戦前の三菱重工と現在の三菱重工は別会社であるとする三菱重工の主張（「別会社論」）に対しても、そのような主張は信義則上、許されず、三菱重工は不法行為責任を負う余地があると認めた。

高裁判決の前月（２００７年４月２７日）には、最高裁が日中共同声明を理由として、中国人戦争被害者らの請求を斥ける判決をし、国家間合意（日中共同声明）を理由として、一連の戦後補償訴訟の門戸を閉ざす判決を下していた。このため、名古屋高裁は、結論的には最高裁に従い、日韓請求権協定を理由に原告らの請求を斥けることとなった。しかし、この判決は、日本国と三菱重工の強制連行・強制労働の不法行為責任を認めた点において、限りなく勝訴に近い判決であったと言ってよい。

名古屋高裁判決の到達点は、韓国の裁判所に引き継がれ、原告らは、韓国大法院において勝訴を確定させ、法的正義を勝ち取った。この間、実に６度（梁錦徳さんに至っては関釜裁判をふくめ、９度）もの裁判を戦い抜いて勝訴を確定させたのだ。

今や、日本政府は朝鮮人強制連行の事実を公的に抹殺しようとしている。しかし、騙して連れてきても、物理的暴力を使わなければ強制ではないなどという理屈は屁理屈にすら値しない。騙して連れて来るのは誘拐である。まして幼い少女を騙して連れてくれば、重罪である。

勤労挺身隊被害者原告らが、日本の裁判所に、朝鮮女子勤労挺身隊動員が、個人の尊厳を否定する強制連行、強制労働の国家的不法行為であったと認めさせたことの歴史的意義は大きく、決して揺るぐことはない。

名古屋三菱・朝鮮女子勤労挺身隊訴訟弁護団事務局長　岩月浩二

不二越訴訟連絡会の歩み

徴用工訴訟は 1991 年、金景錫(キムギョンソク)さんが日本鋼管を訴えたことから始まった。また、日本軍「慰安婦」にされた金学順(キムハクスン)さんが被害を告発し、日本政府を訴えた。

1992 年 9 月 30 日、不二越の戦争責任を追及（第一次訴訟）

1992 年 9 月 30 日、金景錫さんを団長に徴用工 1 名、女子勤労挺身隊 2 名の計 3 人が不二越に対して未払い賃金の支払いと賠償を求め、富山地裁に提訴(第一次訴訟)し、不二越の戦争責任を追及した。

1996 年 7 月、植民地支配・強制連行・戦後を考える連絡会結成

不二越訴訟は戦後も続く植民地支配との闘いであると、北陸 3 県の「在日」と日本人で植民地支配・強制連行・戦後を考える連絡会（不二越訴訟連絡会）を結成した。原告の闘いを真正面から受け止める闘いが求められていると捉えた。

不二越門前ー強制連行の現場

不二越門前は、原告にとって恨みの現場である。一方、不二越にとっては戦争犯罪を追及される最大の弱点である。原告団はハンストを頂点とした不二越門前行動を命がけで闘い、控訴審棄却に対しては永続闘争を宣言した。

弾圧に抗して　原告以外の被害者も含めた 2000 年「和解」の画期性

追い詰められた不二越は、和解を提案してきた。しかし、交渉が進むと和解を潰すため、警視庁による連絡会への弾圧が襲い掛かった。また、韓国では原告団長が KCIA の監視下に置かれた。こうした緊張状態の中で、2000 年 7 月、原告以外の被害者らを含む 8 人と 1 団体を対象とした画期的な「和解」に最高裁で調印した。

2002 年 3 月、不二越強制連行・強制労働訴訟を支援する北陸連絡会結成

一次訴訟を引き継ぎ、新たな支援団(第二次不二越強制連行・強制労働訴訟を支援する北陸連絡会)を結成した。一次訴訟から 10 年以上経過しており、「不二越朝鮮女子勤労挺身隊問題とは何か」を、広く市民に問いかける朗読劇や原告の証言集会などの取り組みから始めた。

2003 年 4 月 1 日、原告 23 人で第二次訴訟へ

第二次訴訟は厳しい船出となった。

2000 年「和解」は、原告以外の被害者への賠償という、強制連行訴訟では初めての「和解」であったために激しい反動を生み出した。原告団長や連絡会への中傷やデマが流された。様々な妨害によって、訴訟の準備は困難を極めた。

しかし、その中でも韓国の被害者は次々と名乗り出た。関釜裁判の原告だった 3 人も加わり、金正珠さんら女子勤労挺身隊 22 名、徴用工 1 名、計 23 名が原告となり、不二越と日本政府を訴えた。

ハルモニたちから学んだ 20 年

韓国では名乗ることができなかったハルモニたちは、不二越の門前ですべての怒りを解き放った。門前闘争には連絡会会員のみならず、全国各地から多くの人々が駆け付けた。ハルモニたちとともに行動する中で、私たちは、日本の植民地支配を覆すまで止むことのない思いを強くした。原告たちが高齢で来日できなくなった現在は、私たちがその意志を引き継いで門前行動を継続している。

大法院判決によって、原告らは韓国内で日本の戦争責任を追及する存在として認められるようになった。金正珠さんら原告たちがろうそく市民集会の演壇に立ち、また 3.1 集会や学生たちを前に発言している姿を見て、私たちはとても励まされている。

2019 年には富山の地方テレビ 2 局が韓国を訪れ、金正珠さんらへのインタビューを行った。その番組が富山と全国で放映された。彼女らの存在と長い闘いが実を結んだと感じる。彼女たちのメッセージを伝えるのは、私たちの責任だ。新たな 20 年に向かって進んで行きたい。

（中川美由紀）

連絡会ブログ

https://fujisosho.exblog.jp/

不二越強制連行犠牲者追悼式。あいさつする連絡会の土居文雄さん。（2019 年 7 月 31 日）

奪われた青春　奪われた人生
朝鮮女子勤労挺身隊ハルモニの自叙伝

2021年12月7日　初版　第1刷発行

著　者　梁錦徳（ヤンクムドク）　金性珠（キムソンジュ）　金正珠（キムチョンジュ）

翻訳者　李洋秀（イヤンス）

発行者　勤労挺身隊ハルモニと共にする市民の会

協　力　名古屋三菱・朝鮮女子勤労挺身隊訴訟を支援する会

〒464-0018　愛知県名古屋市千種区希望ヶ丘1-5-37　髙橋信方
FAX：052-784-7176

不二越強制連行・強制労働訴訟を支援する北陸連絡会

〒930-0881　富山県富山市安養坊357-35
TEL:090-2032-4247　FAX:076-444-1833

発　売　梨の木舎

〒101-0061　東京都千代田区神田三崎町2-2-12　エコービル1階
TEL：03-6256-9517　FAX：03-6256-9518

印刷・製本　厚徳社

ISBN978-4-8166-2107-9